Birgit Brandenburg

30 x Kunst für 45 Minuten

Klasse 1/2

Kurze Projekte für schnelle Erfolge

Verlag an der Ruhr

Impressum

Titel: 30 x Kunst für 45 Minuten – Klasse 1/2
Kurze Projekte für schnelle Erfolge

Autorin: Birgit Brandenburg

Druck: B.o.s.s Druck und Medien GmbH, Goch

Verlag: Verlag an der Ruhr
Alexanderstraße 54 – 45472 Mülheim an der Ruhr
Postfach 10 22 51 – 45422 Mülheim an der Ruhr
Tel.: 0208/4395450 – Fax: 0208/43954239
E-Mail: info@verlagruhr.de
www.verlagruhr.de

ISBN 978-3-8346-0625-9

geeignet für die Altersstufen: 4 5 **6 7 8 9** 10

Inhaltsverzeichnis

Vorwort

Liebe Leser*,

Mit diesem Buch möchte ich Kunsterzieher und besonders Lehrer ansprechen, die das Fach Kunst fachfremd unterrichten. Es soll Sie gezielt bei Ihrer Arbeit unterstützen, denn alle Projektideen sind praxiserprobt und mit detaillierten Schritt-für-Schritt-Anweisungen sowie Extra-Tipps und Skizzenblättern versehen. Das benötigte Material ist meist vorhanden und erlaubt so den kurzfristigen Einsatz ohne Zeit raubende Vorbereitungen.

Das Buch soll außerdem ...

1. ... beweisen, dass es sich tatsächlich lohnt, innerhalb eines knappen Zeitkontingents von 45 Minuten mit der Klasse eine neue Aufgabe in Angriff zu nehmen. Dies trifft besonders auf Vertretungsstunden oder „Reststunden" vor den Ferien zu. Einige Vorschläge können Sie jedoch auch auf etwa 60 Minuten ausdehnen, um den Schülern somit mehr Zeit zum Experimentieren zu geben.
2. ... zeigen, dass die Schüler durch den Wechsel von Techniken und Methoden auch bei Kurzprojekten neue Erfahrungen sammeln und bereits Gelerntes erfolgreich anwenden können. Überdies wecken ungewöhnliche" Aufgabenstellungen ihre Neugier und Motivation.
3. ... trotz sehr gezielter Vorgaben zu vielfältigen Schülerlösungen führen, die als kleine „Kunstwerke" präsentiert werden sollten.

Sie alle kennen diese beiden Situationen:

a) Morgens erfahren Sie, dass Sie Vertretungsunterricht in einer wenig bekannten Klasse geben müssen. Dem Kollegen möchten Sie nicht gerne in die Mathe- oder Deutschthemen „hineinpfuschen", aber trotzdem soll der Unterricht Spaß machen und Kompetenzen fördern. Wieder einmal schnell zum Kopierer und irgendein Arbeitsblatt als Beschäftigungstherapie durchziehen?

b) Der Kunstunterricht wird in dieser Woche in der eigenen Klasse wieder einmal zu kurz kommen, weil andere größere Projekte anstehen oder die zur Verfügung stehenden Wochenstunden gerade zur Abdeckung der Hauptfächer ausreichen werden. Doch Zeit für eine kleine Kunstidee könnten Sie doch noch „abzwacken".

30 x Kunst für 45 Minuten soll Ihnen helfen, solche und ähnliche Situationen souverän zu meistern. Um sich einen schnellen Überblick zu verschaffen, habe ich die Themen inhaltlich kurz und prägnant dargestellt, mit Beispielen von Schülerarbeiten versehen und eine Materialliste aus der Anleitung ausgekoppelt. Die Darstellung erleichtert es Ihnen, sich in nur kurzer Lesezeit in das Thema einzufinden.

Zu vielen Themen müssen Sie Bilder und Arbeitsblätter im Vorfeld vergrößern.

* Aus Gründen der besseren Lesbarkeit haben wir in diesem Buch durchgehend die männliche Form verwendet. Natürlich sind damit auch immer Frauen und Mädchen gemeint, also Lehrerinnen, Schülerinnen etc.

Vorwort

Fertigen Sie vor dem Einsatz der Themen alle Folien für den **Overheadprojektor** an, und sammeln Sie sie gesondert in einer Mappe. Das ist nur ein einmaliger Zeitaufwand, und die **Folien** sind zu einem späteren Zeitpunkt schnell zur Hand. Sollte es Ihre Zeit und Materialsituation zulassen, können Sie die Kopiervorlagen auch einscannen und mit dem Beamer an die Wand projizieren. Ob Sie Kopiervorlagen benötigen, können Sie schnell und einfach in den Inhaltsübersichten auf S. 3 nachsehen.

Viele Materialien, die bei den Angeboten benötigt werden (Zeichenblock, Farbkasten, Filzstifte, Klebstoff, Schere etc.), haben die Schüler meist in der Tasche oder im Materialfach der Klasse. Um doch für alle Fälle „gewappnet" zu sein und genügend Materialien auch für spontane Vertretungsstunden zur Hand zu haben, sollten Sie sich eine „Notfallkiste" mit diesen „Basisutensilien" anlegen und mit in den Unterricht nehmen.

Ich wünsche allen Kollegen, die mit diesem Buch arbeiten, viel Erfolg!

Brigit Brandenburg

Jahrgangsstufe 1

Blühende Filtertüten

Kurzbeschreibung

Die Schüler gestalten aus Filtertüten und Filzstiften farbenfrohe Blüten.

Material

Variante I

- weiße Filterpapiertüte
- Schere
- bunte Filzstifte
- evtl. grüner Zeichenkarton

Variante II

- Kopiervorlage (S. 40)
- weiße Filterpapiertüte
- Schere
- bunte Filzstifte
- 2–3 Rollen Küchenkrepp
- Wasserbehälter mit Wasser

So geht es

Variante I

- Die Schüler schneiden Blüten- oder Sternformen aus den Filterpapiertüten aus und malen sie mit Filzstiften in möglichst vielen verschiedenen Farben an.
- Alle fertigen Blüten- oder Sternformen können auf großformatigem Zeichenkarton überlappend und nebeneinander liegend zu einer Blumenwiese aufgeklebt werden.
- Die Zeichenkartons können Sie dann als Klassendekoration an die Wände hängen.

Variante II

Teilen Sie die Zeichnungen zu der Bastelanleitung als Kopie zum besseren Verständnis an die Schüler aus.

Geben Sie den Schülern folgende Hinweise:

1. Schneide eine Blüten- oder Sternform aus den Filterpapiertüten aus.
2. Schneide die Mitte der Blüten- oder Sternenform kreuzförmig ein.
3. Male die Blüte oder den Stern mit Filzstiften an.

Male mit vielen verschiedenen Farben und Mustern. Je mehr Farben du benutzt, desto schöner strahlen die Blüten.

4. Drehe einige Blätter Küchenkrepp zu einer festen Rolle und stecke ein Ende handbreit durch den kreuzförmigen Einschnitt in der Mitte der Blüte.
5. Stelle das lange Ende der Küchenkrepprolle in den Becher Wasser. Nach einer Weile erreicht das Wasser die Farben und löst sie an.

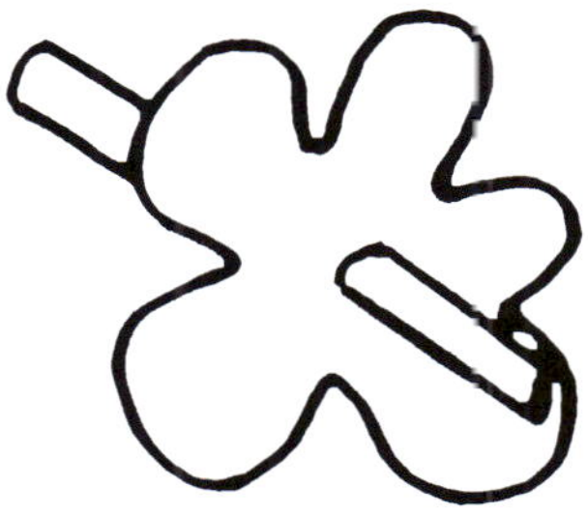

Geben Sie den Schülern folgende Beobachtungsaufgaben:

- Beobachte, wie das Wasser über die Krepprolle an die Blüte gelangt.
- Überlege, warum der Küchenkrepp auf der Rolle auch außerhalb des Wassers feucht wird.
- Beobachte, von welchem Punkt aus sich das Wasser auf der Blüte ausbreitet.
- Beobachte, wie sich die Farben der Filzstifte verhalten, wenn sie sich mit dem Wasser mischen.

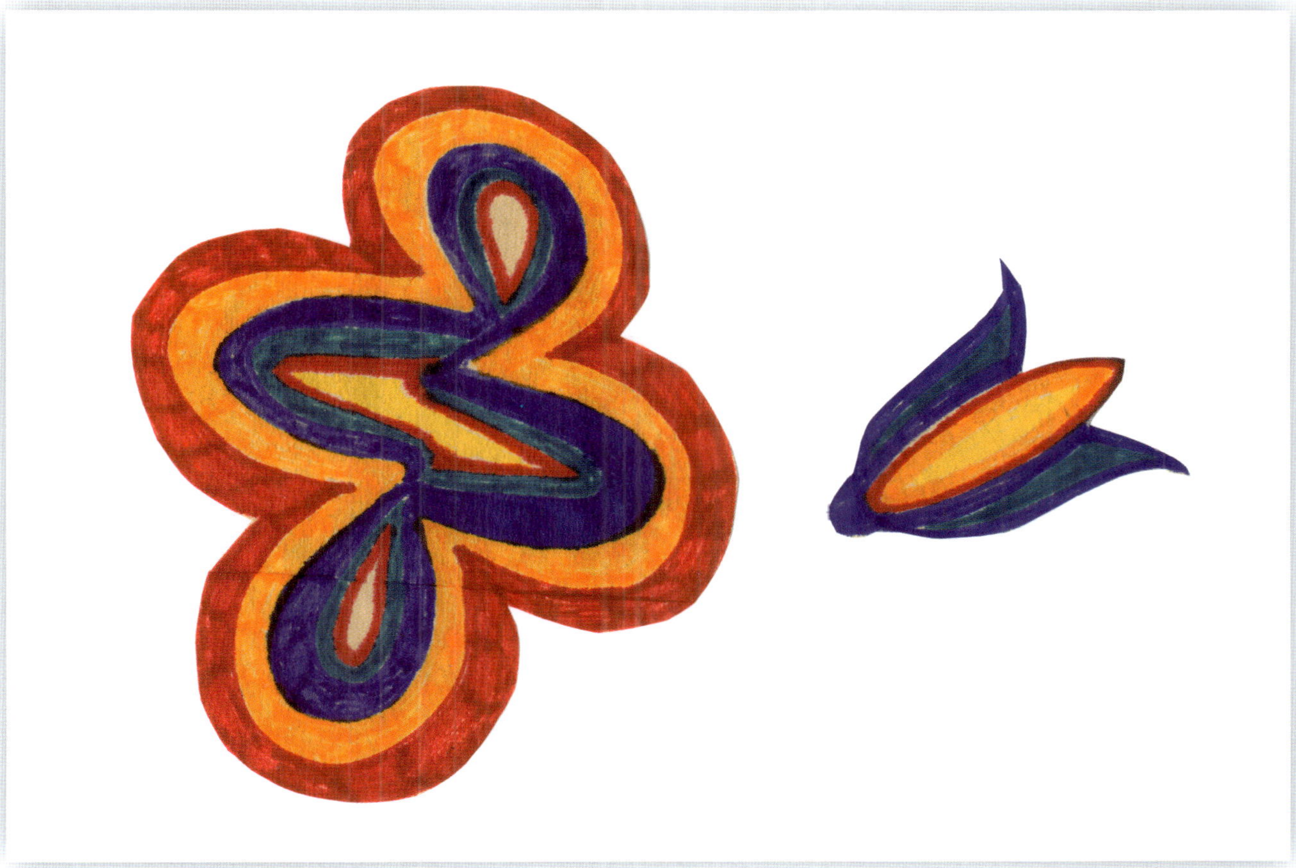

Tintenameisen

Kurzbeschreibung Mit Tinte gestalten die Schüler Ameisen, Buchstaben, und Blumen auf andere, spielerische Weise.

Material

- Tinte aus dem Glas oder Tintenpatrone
- Strohhalm
- weißes Papier (DIN A4)
- Zeichenblock (DIN A4)
- Filzstifte
- Wasserfarbkasten
- Pinsel
- Wasserbehälter mit Wasser
- ggf. das Gedicht *„Die Ameisen"*

So geht es

Pusteameisen

Die Schüler setzen drei große aneinandergrenzende Tintenflecke auf das Blatt und pusten sie mit dem Strohhalm zu Beinen und Fühlern auseinander. Dabei muss der biologische Aspekt über die genaue Anzahl der Beine und Fühler keine Rolle spielen.

Sollte es zeitlich möglich sein, können Sie das Gedicht von Joachim Ringelnatz „Die Ameisen" dazu vorlesen. Besprechen Sie den Inhalt, sodass jeder Schüler die Pointe verstanden hat. Danach können die Schüler noch eine Stadt mit schwarzem, dünnem Filzstift als Hintergrund gestalten.

Die Ameisen

In Hamburg lebten zwei Ameisen,
die wollten nach Australien reisen.
Bei Altona, auf der Chaussee,
da taten ihnen die Beine weh,
und da verzichteten sie weise
dann auf den letzten Teil der Reise.

Joachim Ringelnatz

Pustealphabet

- Jeder Schüler malt einen Buchstaben des Alphabets großformatig auf ein Blatt seines Zeichenblocks und pustet mit dem Strohhalm möglichst viele Rinnsale heraus. Wichtig ist, dass die Buchstaben mit viel Tinte geschrieben wurden.
- Der erste Schritt wird mit einem zweiten Buchstaben wiederholt, wobei die Schüler darauf achten müssen, dass der Zwischenraum zwischen den Buchstaben eng bleibt. Der schmale Zwischenraum gewährleistet, dass sich die ausgepusteten Rinnsale überschneiden und geschlossene Formen entstehen.
- Wo sich geschlossene Formen gebildet haben, können diese nach dem Trocknen mit Filzstiften farbig ausgemalt werden.

Pusteblumen

- Die Schüler grundieren ein Blatt vom Zeichenblock in einer hellen Deckfarbe aus dem Wasserfarbkasten. Danach werden Blumenstiele mit Blättern in weitem Abstand auf den Untergrund gemalt.
- Über jeden Stängel setzen die Schüler einen Tintenklecks, der zu einer Blüte ausgepustet wird.

Spanische Prinzessin

Kurzbeschreibung

Die Schüler beschäftigen sich ausgehend von der Geschichte über Margerita handlungs- und produktionsorientiert mit dem Thema Kleidung und geben der Prinzessin ein neues Aussehen in Form von modernen Kleidern.

Material

- die Geschichte *„Die Prinzessin Margerita"*
- Bildvorlage (S. 41)
- Overheadprojektor
- Filzstifte
- Zeichenblock (DIN A4)
- Kopiervorlage (S. 41)

So geht es

Variante I

Das Farbbild kann gleichzeitig mit der Geschichte gezeigt werden.

Variante II

Das Farbbild kann nach der Geschichte gezeigt werden.

Folgendes sollten Sie jedoch in beiden Varianten herausstellen:

- das Besondere der Kleidung in der Zeit
- die Unbequemlichkeit der Kleidung
- die Gemälde ersetzten den damals noch nicht erfundenen Fotoapparat

Die Geschichte

- Sie lesen den Schülern die Geschichte vor. Alternativ kann die Geschichte von Ihnen erzählt oder neu erfunden werden.
- Jeder Schüler erhält danach eine vergrößerte Kopie des Kopfes. Die Aufgabe besteht darin, Margerita in heutiger Kleidung zu malen.

Die Prinzessin Margerita

Eine spanische Prinzessin lebte vor 350 Jahren in einem Schloss. Sie hieß Margerita und war 5 Jahre alt. Sie hatte noch viele Geschwister, aber die Kinder durften nie durch das Schloss toben oder im Park spielen. Das galt als unfein. Viele Stunden am Tag bekamen sie Unterricht in gutem Benehmen. Besonders den Unterricht im Sticken hasste Margerita. Immer wieder bekam sie Knoten in den Stickfaden. Viel schlimmer aber waren die Malstunden.

Margerita durfte nicht malen, denn das war ihr verboten. Stattdessen kam ein Maler ins Schloss und malte ein großes Gemälde von ihr. Dafür bekam sie immer ihr bestes Kleid aus Goldbrokat mit dem riesigen Reifrock, den vielen Schleifen, Rüschen und Spitzen angezogen. Sie konnte sich kaum darin bewegen und es kratzte scheußlich. Stundenlang musste Margerita still stehen, bis das Bild endlich fertig war.

Velazquez:
Infantin Margerita
im Alter von etwa
5 Jahren – 1656, Wien

Bruchquadrate

Kurzbeschreibung

Angeregt durch eine Geschichte als Impuls, dürfen die Schüler selbst aktiv werden und ihrer Kreativität freien Lauf lassen. Dabei gestalten sie ausgehend von einem schwarzen Quadrat kleine individuelle Kunstwerke.

Material

- die Geschichte *„Das kleine schwarze Quadrat"*
- Zeichenblock (DIN A4)
- Schere
- Klebstoff
- Lineal
- Bleistift
- Quadrate aus schwarzem Zeichenkarton (8 cm x 8 cm)
- Bildvorlagen (S. 42)
- ggf. quadratische Kachelfliese

So geht es

- Lesen Sie den Schülern die Geschichte vor. Alternativ können Sie die Geschichte erzählen oder neu erfinden. Nach der Erzählung können Sie die abgebildeten Beispiele auf S. 42 zeigen.
- Jeder Schüler erhält ein schwarzes Quadrat aus Zeichenkarton. Das Quadrat wird in Einzelteile zerschnitten und mit schmalen Zwischenräumen neu zusammengesetzt.

Variante I

Das Quadrat kann von den Schülern ohne vorherige Einteilung mit Lineal und Bleistift auseinandergeschnitten werden.

Variante II

Das Quadrat kann von den Schülern mit vorheriger Einteilung mit Lineal und Bleistift auseinandergeschnitten werden.

Auf dem Schulhof können Sie als Anschauung eine quadratische Kachel fallen lassen. Die Schüler betrachten die Lage der Scherben.

Das kleine schwarze Quadrat

Es war einmal ein kleines schwarzes Quadrat. Es war ganz traurig, denn niemand beachtete es. Es sagte: „Meine vier Seiten sind gleich lang. Wie langweilig! Klar, dass mich jeder übersieht.“ Als das Quadrat so traurig vor sich hin schniefte, kam Lena vorbei. Sie warf das kleine schwarze Quadrat im Vorbeigehen von ihrem Schreibtisch in den Papierkorb. Doch plötzlich blieb Lena stehen. Schniefte da nicht etwas traurig vor sich hin? Sie ging zum Papierkorb und sah das kleine schwarze Quadrat weinen. Behutsam nahm sie es aus dem Papierkorb, legte es auf den Schreibtisch und blickte verwirrt auf das Quadrat hinunter. „Warum bist du so traurig?“, fragte Lena. Das kleine schwarze Quadrat erklärte Lena sein Problem. Ratlos saß Lena auf ihrem Stuhl. Wie konnte sie dem schwarzen Quadrat helfen? Plötzlich hatte sie eine Idee. Sie zog die Schubladen ihres Schreibtisches auf und begann, darin zu kramen. Nach und nach beförderte sie Klebstoff, eine Schere und ein weißes Blatt Papier aus dem Durcheinander hervor. Das kleine schwarze Quadrat hatte aufgehört zu weinen und blickte etwas ängstlich auf die Schere. „Was hast du vor?“, fragte es unsicher. Lena nahm das kleine schwarze Quadrat in die eine Hand und die Schere in die andere. Mutig schnitt sie das Quadrat in viele, kleine Teile. Dann legte sie die Stücke probeweise zu einem Muster auf das weiße Blatt. Als sie zufrieden war, klebte sie die Teile auf, lehnte sich zurück und betrachtete glücklich ihr Werk. Strahlend blickte das kleine schwarze Quadrat Lena an. „Toll! Jetzt bin ich nicht mehr langweilig. Jetzt werden die Leute mich endlich beachten.“

Fliegende Pilze

Kurzbeschreibung Die Schüler basteln aus Tonpapier und Watte Pilze, die als Fries oder Mobile verwendet werden können.

Material

- Tonpapier (rot und weiß)
- weiße Wattebäusche
- flüssiger Klebstoff
- Nähgarn
- Schaschlikspieß
- Schere
- Bleistift
- Klebeband
- Kopiervorlage (S. 42)

So geht es Jeder Schüler erhält eine vergrößerte Kopie der Schablonen (vgl. Kopiervorlage S. 42). Er schneidet sie aus, legt sie auf das rote und weiße Tonpapier und umfährt die Ränder mit dem Bleistift. Dann schneidet er die Pilzteile aus und klebt den Stiel an den Pilzhut. Nun teilt er einige Wattebäusche in kleinere Wattestücke. Auf den Pilzhut werden Klebstofftupfen verteilt. Zuletzt werden die Wattestücke auf die Klebstofftupfen gedrückt.

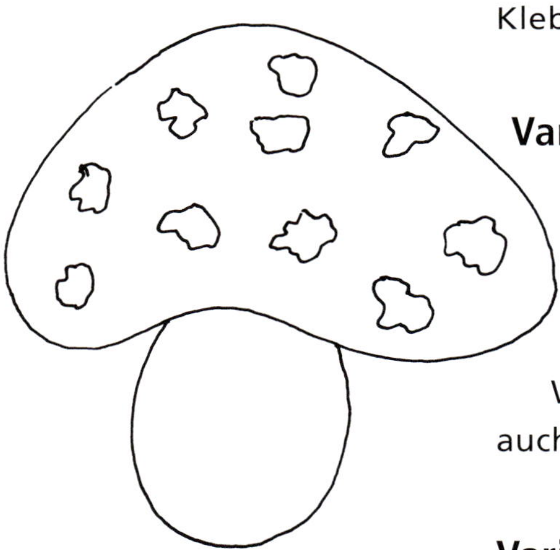

Variante I

Alle Fliegenpilze werden als Fries an eine Wand des Klassenraums nebeneinander geklebt. Jeder Schüler kann für den Fries noch einen kleineren Fliegenpilz basteln und ihn zwischen die größeren Pilze kleben.

Wenn die Schüler mögen, können sie den Fliegenpilzen auch freche Gesichter mit rotem Filzstift aufmalen.

Variante II

Mehrere Schüler können aus ihren Fliegenpilzen ein Mobile aus Schaschlikspießen und Nähgarnfäden herstellen.

- *Der Klebstoff der Klebstofftupfen dringt schnell durch die Wattestücke und verklebt die Hände. Klebstoff vor dem Aufdrücken der Wattestücke etwas antrocknen lassen.*
- *Der Bleistift rutscht beim Umfahren der Schablonenränder leicht ab. Die Schablone deshalb nicht nur in der Mitte festhalten, sondern verstärkt an den Rändern mit den Fingern nachfassen.*

Lesender Clown

Kurzbeschreibung

Aus Papp- und Papierresten können die Schüler lustige Lesezeichen basteln. Sie schulen dabei ihre Feinmotorik.

Material

- Pappreste
- Kopiervorlage (S. 43)
- Klebstoff
- Schere
- Buntpapierreste
- schwarzer und roter Filzstift
- bunte kurze Wollfäden
- Nähnadel
- Locher

So geht es

- Jeder Schüler erhält eine Kopie der Schablonen und schneidet sie aus.
- Die Schablonen werden auf die Pappe gelegt, die Ränder mit dem Bleistift umfahren und die Pappschablonen ausgeschnitten.
- Die Pappschablonen werden mit Buntpapier beklebt, die Augen und die Nase aufgemalt.

Zusammenkleben der Einzelteile

1. Kragen auf den Körper kleben
2. Kopf auf den Kragen kleben
3. Mund auf den Kopf kleben
4. Schuhe hinter den Körper kleben

Haare

- Die Wollfäden werden in eine Nadel gefädelt.
  Die Schüler stechen mit der Nadel durch den oberen Rand des Kopfes. Die Enden der Wollfäden verknoten sie mit einem Doppelknoten und schneiden die überstehenden Enden ab.
- Zum Schluss lochen die Schüler Buntpapier mit dem Locher. Die entstehenden Kreise kleben sie als Knöpfe auf den Körper.

Der Clown kann nun als Lesezeichen benutzt werden!

Quakfrosch in Falten

Kurzbeschreibung

Die Schüler erstellen eine Froschfigur anhand einer Faltanweisung und schulen damit ihr Leseverständnis sowie die Feinmotorik.

Material

- Innenpapprolle einer leeren Klopapierrolle
- grünes Buntpapier (DIN A5)
- rote und weiße Buntpapierreste
- grüne Holzperle
- Stopfnadel
- Stück Bindfaden
- schwarzer Filzstift
- Kopiervorlage (S. 43)

So geht es

Froschmaul

- Gehen Sie die einzelnen Faltschritte (vgl. Kopiervorlage) gemeinsam mit den Kindern durch, indem Sie die einzelnen Schritte im Plenum zeigen.
- Die Kinder schneiden eine rote Zunge und zwei weiße Ovale für die Augen aus.
- Auf die Augen malen sie die Pupillen mit einem schwarzen Filzstift und kleben die Augen dann gegenüber der Maulöffnung auf.

Froschkörper

- Die Kinder umwickeln die Klopapierrolle mit weißem oder farbigem Papier und kleben sie an die Unterseite des Froschmauls.
- Da das Papier des Froschmauls sehr dick ist, sollten Sie den Kindern beim Durchfädeln und Anknoten der Perle helfen (vgl. Skizze S. 21).

- *Als Material können Sie die im Handel fertig geschnittenen rechteckigen Faltblätter benutzen. Man kann aber auch das Papier von Notizblöcken verwenden.*
- *Sollte kein ausreichendes grünes Buntpapier vorhanden sein, können auch andere Farben verwendet werden, sodass eine bunte Froschfamilie entsteht.*

Quakfrosch in Falten

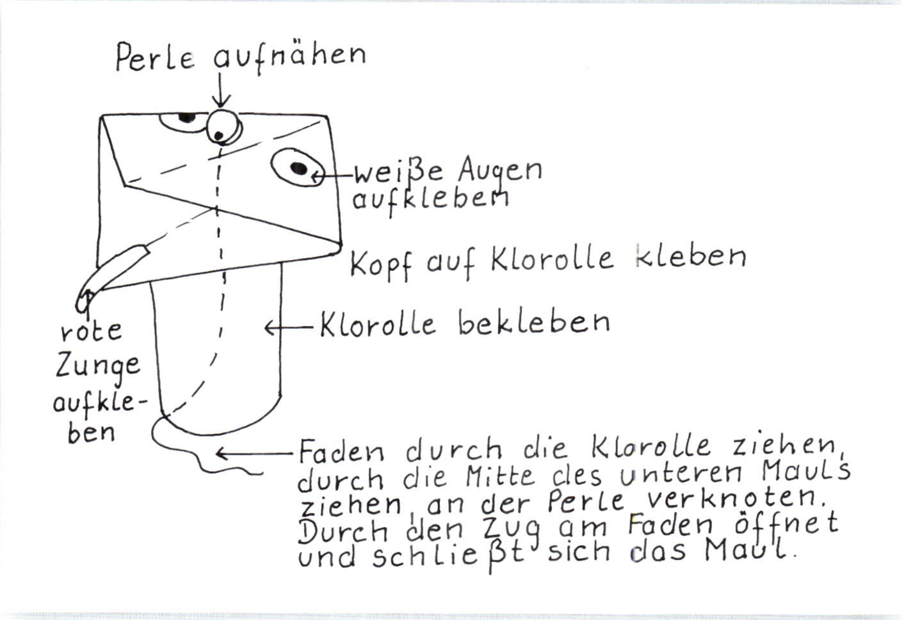

Der Erzhalunke

Kurzbeschreibung

Die Schüler malen ausgehend von dem Gedicht *„Der Funke"* von Joachim Ringelnatz handlungs- und produktionsorientiert, indem sie alle vier Strophen verbildlichen oder den Funken darstellen.

Material

- das Gedicht *„Der Funke"*
- Filzstifte
- Zeichenpapier (DIN A4)

So geht es

Variante I

- Sie lesen das Gedicht vor. Der Inhalt wird in einem kurzen Gespräch geklärt (vgl. unten).
- Es werden Ideen zur Gestalt des Funkens gesammelt, z.B.: Ist er groß oder klein? Welche Farbe hat er? …
- Die Schüler erhalten die Aufgabe, den Funken als Gestalt nach eigenen Ideen zu malen.

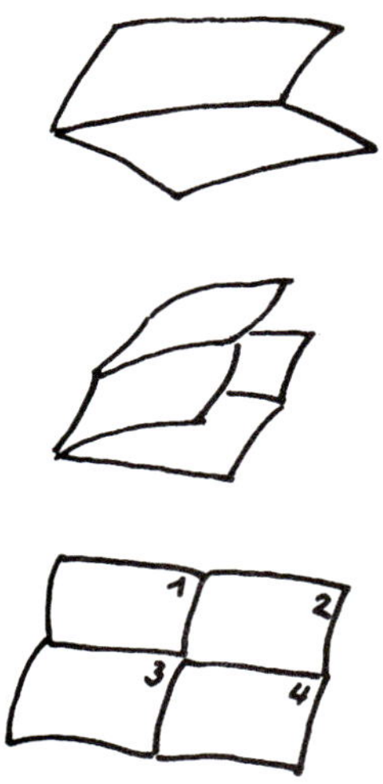

Variante II

- Sie lesen das Gedicht vor. Der Inhalt wird in einem kurzen Gespräch geklärt (vgl. unten).
- Jeder Schüler malt eine Bildergeschichte zu dem Gedicht. Dazu wird ein DIN-A4-Blatt in der Länge und Breite gefaltet, sodass sich vier Felder ergeben. In jedem Feld wird eine Strophe des Gedichts dargestellt. Sie sollten darauf hinweisen, dass der Funke auf jedem Bild gleich aussehen muss!

Mögliche Fragen zu dem Gedicht

In dem Gedicht wird der Funke als Gestalt dargestellt.

- Was ist ein Halunke?
- Welche Gestalt könnte der Funke haben?
- Wie könnte seine Kleidung aussehen?
- Welche Farben könnte die Kleidung haben?
- Wie könnten seine Haare und deren Farbe aussehen?

Eventuell muss geklärt werden, was ein *Erzhalunke* und ein *Pulverfass* ist und warum der Inhalt gefährlich ist, wenn er mit Feuer in Kontakt kommt.

Der Funke

Es war einmal ein kleiner Funke,
Das war ein großer Erzhalunke.

Er sprang vom Herd und wie zum Spaß
Gerade in ein Pulverfass.

Das Pulverfass, das knallte sehr;
Da kam sofort die Feuerwehr.

Und spritzte dann mit Müh und Not
Das Feuer und das Fünkchen tot.

Joachim Ringelnatz

Stilles Leben

Kurzbeschreibung

Die Schüler malen zunächst ein Bruchstück von Paul Cézannes *„Stilleben"* weiter und vergleichen anschließend ihre Werke mit dem Original.

Material

- Bildvorlage (S. 44) als Folie
- Kopiervorlage (S. 44) vergrößert
- Filzstifte
- Overheadprojektor

So geht es

- Die Schüler erhalten die Kopiervorlage und nennen Beispiele, was noch auf dem Tisch liegen könnte.
- Die Schüler sollen das Bild mit Filzstiften weitermalen, indem sie Gegenstände hinzufügen.
- Nach Fertigstellung zeigen Sie die Folie von *Paul Cézannes* Bild und die Schüler vergleichen ihre Bilder mit dem Stillleben.

Mögliche Vergleichspunkte der Schülerarbeiten mit Cézannes Stilleben

- Unterschied in den Gegenständen auf dem Tisch
- Unterschied in der gesamten Farbgebung: Benutzung überwiegend dunkler, heller Farben, Sonnenfarben …
- Eine Erklärung an die Schüler, dass es sich um ein Stillleben handelt: Ein Stillleben ist eine Ansammlung und Darstellung von kleineren Gegenständen, deren Auswahl nach inhaltlichen und künstlerischen Gesichtspunkten erfolgte. Welche Auswahl traf Cézanne?

Paul Cézanne: **Stilleben** – 1883/87, NY

Stilles Leben

Bunte Umwelt

Kurzbeschreibung

Die Schüler beschäftigen sich zunächst mit der Architektur von Gebäuden und deren Farbgestaltung. Im zweiten Schritt dürfen sie selbst einer Fassade einen neuen Anstrich geben.

Material

- Fotovorlagen (S. 45)
- Kopiervorlage (S. 45) vergrößert
- Filzstifte

So geht es

- Zeigen Sie den Schülern die Fotos der Hausfassaden. In einem 5-Minuten-Gespräch soll erörtert werden, dass alle Häuser keine oder wenig Farbe an den Fassaden besitzen. Dazu sammeln die Schüler einige Ideen, wie man die Fassaden mit Mustern oder Bildern in Farbe verschönern kann.
- Die Schüler erhalten die Kopiervorlage und setzen ihre Ideen für eine Verschönerung mit Filzstiften um.

- *Sie können statt der hier vorhandenen Fotobeispiele selbst Fotos von Fassaden in der Heimatstadt der Schüler machen und sie den Schülern als Ausdruck zur Verfügung stellen.*
- *Weitere Möglichkeiten wären, Brücken, Fassaden von Geschäften, das Rathaus, das Gerichtsgebäude oder sonstige Gebäude aus der Heimatstadt der Schüler zu fotografieren und mit Hilfe eines Ausdrucks zu verschönern.*
- *Sie können bei der Stadt- oder Gemeindeverwaltung anfragen, ob die Schülerarbeiten im Foyer des Rathauses für kurze Zeit ausgestellt werden dürfen.*

Der Dubbelbubbel

Kurzbeschreibung

Die Schüler zeichnen zu einer Geschichte die Hauptfigur und können ihrer Fantasie dabei freien Lauf lassen.

Material

- die Geschichte *„Der Dubbelbubbel"*
- Zeichenpapier (DIN A4)
- Filz- oder Buntstifte
- Deckfarben
- Pinsel

So geht es

Lesen Sie die Geschichte vor.

Variante I

Die Schüler erhalten die Aufgabe, ihren Dubbelbubbel nach ihren eigenen Vorstellungen zu malen.

Variante II

Die Schüler erhalten die Zusatzaufgabe, ihren Dubbelbubbel lachend, wütend, fressend oder schlafend zu malen.

Der Dubbelbubbel

Hast du deinen Dubbelbubbel schon einmal gesehen? Du fragst dich jetzt sicher „Meinen was?" – Deinen Dubbelbubbel! Er begleitet dich überallhin: in die Schule, zu deinen Freunden, beim Essen und sogar ins Bett. Er ist nicht größer als ein Buch. Sein Körper hat eine Krötenhaut mit vielen Warzen und an seinen Füßen hat er Schwimmhäute wie eine Ente. Seine Ohren sind lang und spitz. Auffällig sind seine überlangen spitzen Eckzähne. Wenn du etwas machst, was dem Dubbelbubbel gut gefällt, reißt er seine großen kugelrunden Augen auf und verzieht seinen Mund zu einem breiten Lachen. Der Dubbelbubbel kann aber auch wütend werden, wenn du etwas machst, was ihm nicht gefällt. Dann fletscht er seine langen Eckzähne, bläst die Backen auf und wird knallrot im Gesicht. Seine Lieblingsbeschäftigung ist das Fressen. Er frisst Bücher, Hefte, Bleistifte, Radiergummis und sogar Socken. Hast du schon einmal eine Socke oder deinen Radiergummi gesucht, als wär er einfach vom Erdboden verschwunden? Dann hatte dein Dubbelbubbel wohl gerade großen Hunger. Wenn dein Dubbelbubbel satt ist, macht er ein Schläfchen. Manchmal schnarcht er dabei. Horch genau hin, dann kannst du deinen Dubbelbubbel hören!

Weiterführende Aufgaben

- Die Schüler können eine Bilderserie malen, indem sie den Dubbelbubbel bei verschiedenen Tätigkeiten darstellen.
- Der gemalte Dubbelbubbel wird ausgeschnitten und auf den Zeichenblock geklebt. Der Hintergrund wird mit Deckfarben gestaltet.

Gedächtnisbild

Kurzbeschreibung Die Schüler lernen das Bild *„Schlafzimmer in Arles"* von Vincent van Gogh kennen, gestalten es nach bzw. um und vergleichen ihr Bild mit dem Original des Künstlers.

Material

- Kopiervorlage (S. 46)
- Bildvorlage (S. 46) als Folie
- Overheadprojektor
- Filz- oder Buntstifte

So geht es

Variante I

- Zeigen Sie den Schülern das Originalbild vom Künstler ein bis zwei Minuten lang.
- Decken Sie die Folie ab, damit es nicht mehr zu sehen ist.
- Die Schüler erhalten die vergrößerte Kopiervorlage, auf der einige Details des Originalbildes herausretuschiert wurden, und erzählen, was auf dem Bild zu sehen ist bzw. was fehlen könnte. Die Schüler vervollständigen das Bild aus dem Gedächtnis.
- Danach wird die Folie mit dem Bild aufgedeckt, und die Schüler können ihr Bild damit vergleichen.

Variante II

- Die Schüler vervollständigen die Kopiervorlage, ohne das Originalbild im Vorfeld gesehen zu haben.

Danach vergleichen sie ihre Ideen zur Raumgestaltung mit denen vom Künstler.

Vincent van Gogh:
Van Goghs Schlafzimmer – 1888, Chicago

Überraschungsbilder

Kurzbeschreibung

Die Schüler arbeiten in Kleingruppen an einem Gemeinschaftsbild und werden von ihren Ergebnissen erstaunt sein!

Material

- pro Vierergruppe: 4 DIN-A4-Blätter
- pro Schüler: Bleistift, Klebstoff, Filzstifte, Zeichenblock
- oder pro Schüler: Bleistift, Klebstoff, Zeichenblock, Pinsel, Farbkasten, Wasserbehälter mit Wasser

So geht es

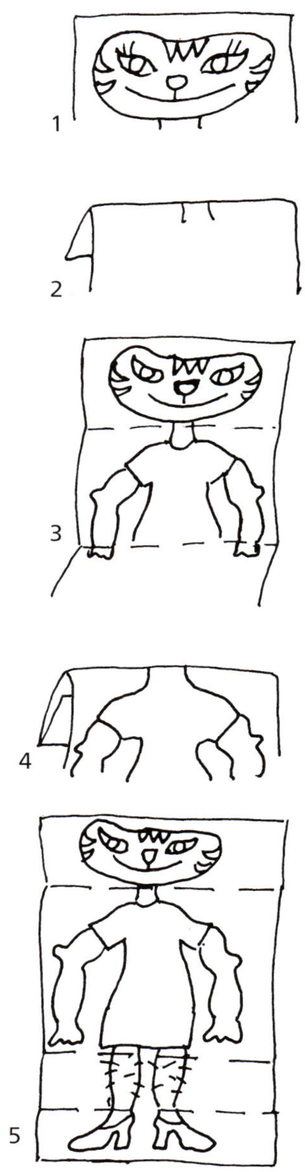

- Besprechen Sie mit den Schülern die Regeln, nach denen die Überraschungsbilder entstehen sollen (vgl. unten).
- Die Vierergruppen finden sich zusammen, oder Sie teilen die Gruppen ein.
- Wenn jeder Schüler ein fertiges Überraschungsbild in den Händen hält, klebt er es auf ein Zeichenblockblatt und malt es mit Deckfarben oder Filzstiften aus.

Geben Sie den Schülern folgende Regel-Hinweise:
Ihr zeichnet Kopf, Körper, Beine, Füße.

Regel 1: Jeder gibt das geknickte Blatt an den rechten Partner weiter.

Regel 2: Keiner schaut zu, was die anderen zeichnen.

Regel 3: Das fertige Blatt wird erst in die Mitte gelegt.

Regel 4: Dann beginnt ihr ein neues Blatt und wiederholt Regel 1 und 3.

Regel 5: Wenn alle vier fertigen Blätter in der Mitte liegen, werden sie geöffnet.

Regel 6: Jeder sucht sich ein Blatt aus, klebt es auf den Zeichenblock und malt es aus.

Kummerglücksstein

Kurzbeschreibung

Die Schüler bemalen, angeregt durch eine Geschichte, einen Stein gegen Kummer.

Material

- die Geschichte *„Paulas Steinmaus“* zum Vorlesen oder als Grundlage zur freien Erzählung.
- pro Schüler ein Stein in kinderhandlicher Größe
- Filzstifte oder Plakafarben in den Grundfarben
- Zeitungspapier und Pappteller zum Mischen der Farben
- einige Stücke Schmirgelpapier
- Klarlack

So geht es

- Sie erzählen die Geschichte oder lesen sie vor.
- Die Schüler erhalten die Aufgabe, einen persönlichen Kummerglücksstein herzustellen.
- Dazu grundieren sie ihn mit einer hellen Farbe und tragen nach dem Trocknen die Konturen der Maus auf.
- Zur Farbversiegelung lackieren sie ihren fertigen und vollständig getrockneten Stein mit Klarlack.

Paulas Steinmaus

War das heute ein Tag! Es gibt Tage, da bliebe man morgens besser gleich im Bett, dachte Paula. Traurig trödelte Paula nach Hause. Sie hatte sich heute in der Schule mit ihrer besten Freundin Jana gestritten. Jana hatte behauptet, sie hätte Paula ihren Lieblingsstift geliehen. Das stimmte. Dann behauptete Jana, Paula hätte ihn nicht zurückgegeben. Das stimmte nicht. Darüber hatte es einen gehörigen Krach gegeben.

Lustlos aß Paula ihr Mittagessen. Besorgt sah ihre Mutter sie an. Wurde Paula krank? Hatte sie Kummer? Jana verzog sich nach dem Essen gleich in ihr Zimmer. Traurig sah sie ihren bemalten Stein an. Sie hatte ihn mit Filzstiften in eine Maus verwandelt. Fest nahm Paula ihre Steinmaus in die Hand und erzählte ihr ausführlich von dem Krach mit Jana. Ob ihre Steinmaus ihr helfen konnte? Über Nacht legte sie die Steinmaus auf ihren Nachttisch und steckte sie morgens noch schnell in ihre Schultasche. Sie fühlte sich dann nicht so allein. Schon am Schultor kam Jana auf Paula zugestürmt und umarmte sie heftig. Jana hatte ihren Lieblingsstift ganz unten in der Schultasche gefunden und Paula zu Unrecht beschuldigt. Als Paula in der Klasse ihre Bücher aus der Schultasche holte, sah sie ihre Steinmaus an. Paula lächelte sie verschmitzt an: Bist du nun mein Kummerstein oder mein Glücksstein?

- *Der Stein kann auch mit Plakafarben bemalt werden.*
- *Sollte die Farbe auf einem Stein nicht richtig haften, hilft ein Abschmirgeln mit feinem Schmirgelpapier. Deshalb sollten Sie einige Stücke Schmirgelpapier bereithalten.*
- *Alle Kummerglückssteine können in einer kleinen Ausstellung in einem Schaukasten in der Schule gezeigt werden.*

Rhino, das Nashorn

Kurzbeschreibung

Die Schüler betrachten Kunst und wenden die entdeckten Vorgehensweisen beim eigenen Zeichnen an.

Material

- Bildvorlage (S. 47) als Folie
- Overheadprojektor
- Kopiervorlage (S. 47) vergrößert
- Filzstifte

So geht es

Variante I

- Sie zeigen die Folie mit Albrecht Dürers Bild *„Rhinozeros“.*
- In einem kurzen Gespräch arbeiten Sie heraus, dass Dürer das Nashorn aus vielen Teilen und Mustern „zusammengesetzt“ hat.
- Die Schüler erhalten die Kopiervorlage mit der Strichzeichnung des Nashorns.
  Der Arbeitsauftrag lautet: *Male das Nashorn mit möglichst vielen Farben und Mustern aus.*

Variante II

- „Entdeckende Kunstbetrachtung“ bietet sich bei diesem Bild an.
- Legen Sie die Folie mit dem Originalbild Dürers verdeckt auf den Overheadprojektor. Decken Sie aber erst nach und nach einzelne Bildteile auf und lassen Sie die Schüler zwischendurch immer wieder beschreiben, was sie sehen, und raten, was das ganze Bild darstellt.
- In einem kurzen Gespräch arbeiten Sie heraus, dass Dürer das Nashorn aus vielen Teilen und Mustern „zusammengesetzt“ hat.
- Die Schüler erhalten die Kopiervorlage mit der Strichzeichnung des Nashorns.
  Der Arbeitsauftrag lautet: Male das Nashorn mit möglichst vielen Farben und Mustern aus.

Kopier- und Bildvorlagen für

Jahrgangsstufe 1

Blühende Filtertüten – Seite 8/9

Spanische Prinzessin – Seite 12/13

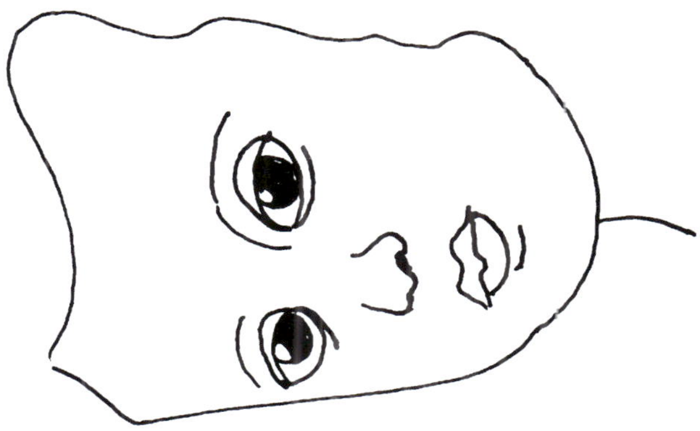

Velazquez:
Infantin Margerita im Alter von etwa 5 Jahren – 1656, Wien

Bruchquadrate – Seite 14/15

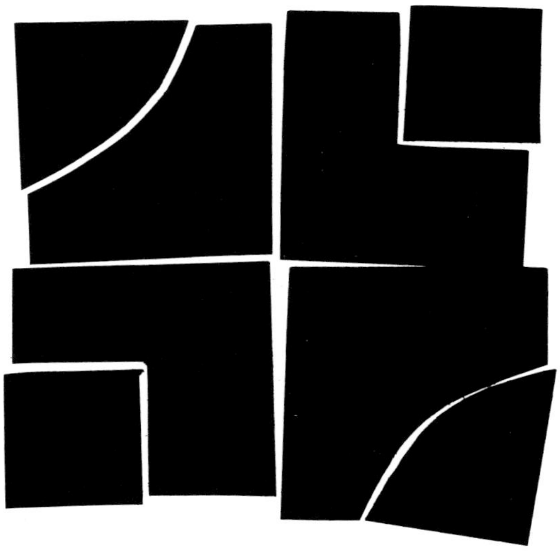

Fliegende Pilze – Seite 16/17

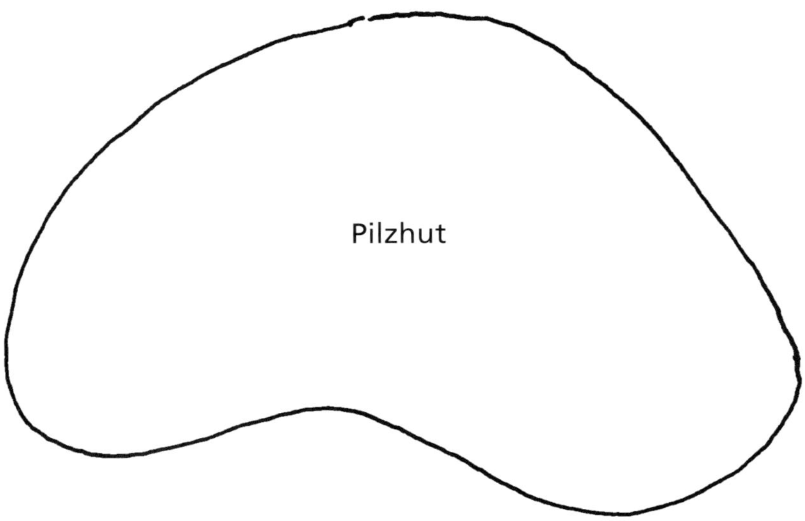

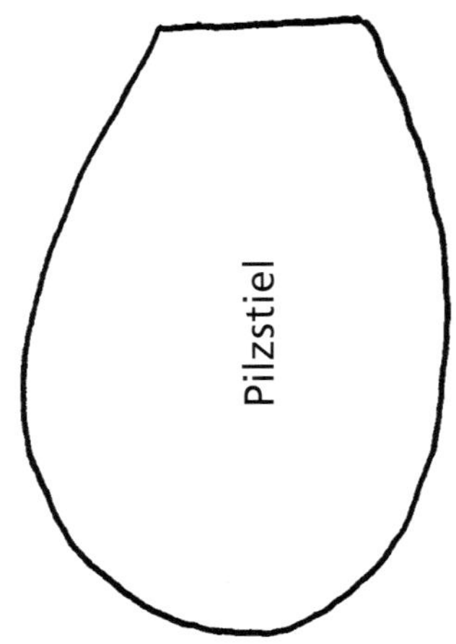

Lesender Clown – Seite 18/19

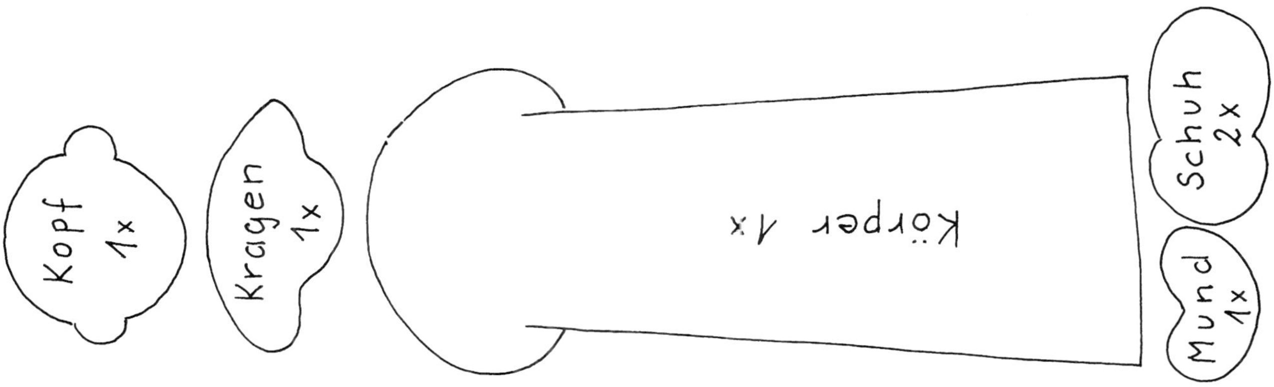

Quakfrosch in Falten – Seite 20/21

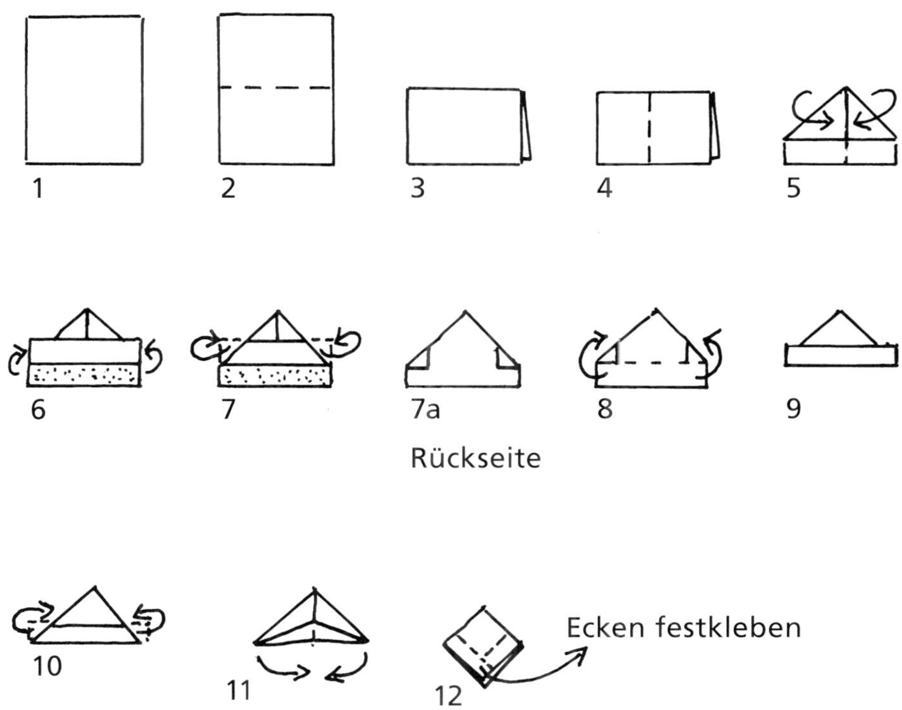

Stilles Leben – Seite 24/25

Paul Cézanne:
Stilleben – 1883/87, NY

Bunte Umwelt – Seite 26/27

© Odu Kroener/fotolia.com

© ArTo/fotolia.com

© Verlag an der Ruhr | Postfach 102251 | 45422 Mülheim an der Ruhr | www.verlagruhr.de | ISBN 978-3-8346-0625-9

Gedächtnisbild – Seite 30/31

Vincent van Gogh:
Van Goghs Schlafzimmer
– 1888, Chicago

Rhino, das Nashorn – Seite 36/37

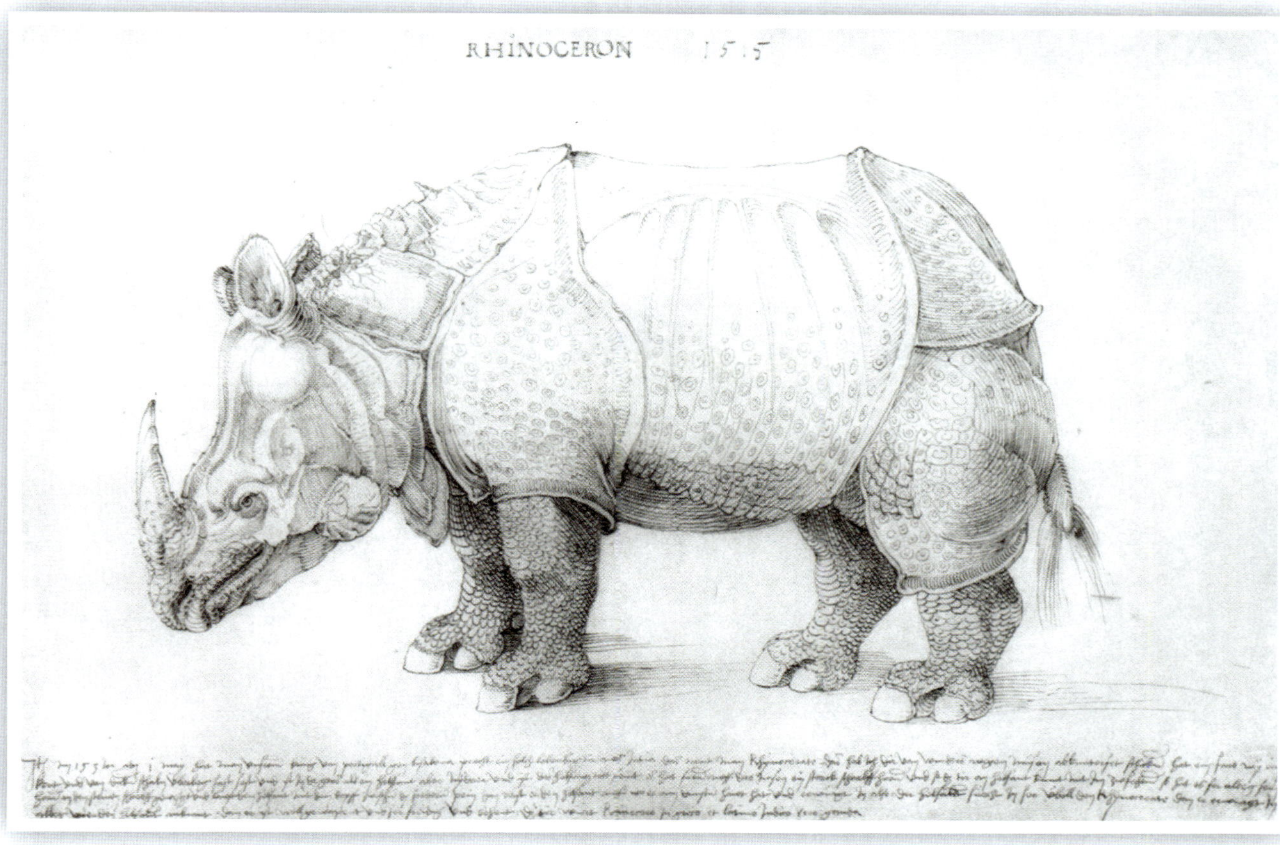

Albrecht Dürer: **Rhinozeros** – 1515, London

Jahrgangsstufe 2

Ungefährlicher Vulkan

Kurzbeschreibung

Die Schüler reißen kleine Tonpapierstücke und gestalten damit eine Collage.

Material

- Fotovorlage (S. 82) als Folie
- Overheadprojektor
- Klebstoff
- Bleistift
- Zeichenblock
- rotes und schwarzes Tonpapier
- ggf. Deckfarben
- Pinsel

So geht es

- Zeigen Sie den Schülern das Foto vom tätigen Vulkan.
- Es erfolgt ein kurzes Gespräch über die Farben und Formen.
- Die Schüler erhalten die Aufgabe, einen tätigen Vulkan aus schwarzem und rotem Tonpapier als Collage auf den Zeichenblock zu kleben.
  - Die Umrisse der Kegelform des Vulkans können sie mit Bleistift vorzeichnen.
  - Für die Collage darf das Tonpapier nur in Stücke gerissen werden. Die Stücke werden aufgeklebt.
  - Zuerst wird der Vulkankegel aus schwarzem Tonpapier dargestellt, dann werden die Lavaströme aus dem roten Tonpapier an und über den Vulkan geklebt.

- *Statt des fertig eingefärbten Tonpapiers können die Schüler selbst Papiere mit Deckfarben in verschiedenen Rottönen einfärben und dann für die Collage verarbeiten. Der schwarze Vulkankegel kann aufgemalt werden.*

- *Haben Sie genügend Zeit, können Sie den Aufbau eines Vulkans und die Tätigkeit mit Hilfe eines Beispielschemas veranschaulichen und mit den Kindern besprechen. Ein solches Schema finden Sie auf* ***www.wissen.de*** *unter dem Stichwort „Vulkan“.*

Ungefährlicher Vulkan

Abgebrochenes Bein

Kurzbeschreibung Die Schüler zeichnen eine Bildfolge zu den Strophen des Gedichtes.

Material

- das Gedicht *„Auf dem Berg Sinai"*
- Kopiervorlage (S. 83)
- Filzstifte

So geht es

- Lesen Sie das Gedicht vor.
- In einem kurzen Unterrichtsgespräch sollen die Kinder feststellen, dass der Inhalt unrealistisch bzw. unsinnig ist.
- Die Schüler erhalten die Kopie des Gedichts und die Arbeitsaufgabe, eine Bildfolge zu den Strophen zu zeichnen.
- Nach der Fertigstellung werden die Arbeitsblätter im Klassenraum aufgehängt und von allen Schülern angesehen.

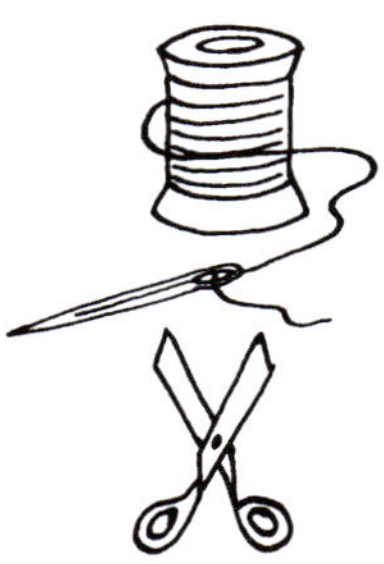

Auf dem Berg Sinai

1. *Auf dem Berge Sinai*
   wohnt der Schneider Kikeriki.
2. *Seine Frau, die Margarete,*
   saß auf dem Balkon und nähte.
3. *Fiel herab, fiel herab,*
   brach das linke Bein sich ab.
4. *Kam der Doktor angerannt*
   mit der Spritze in der Hand.
5. *Nähte an, nähte an,*
   dass sie wieder laufen kann.

(Volksmund)

Abgebrochenes Bein

1. Auf dem Berge Sinai
   wohnt der Schneider Kikeriki

2. Seine Frau, die Margarete,
   saß auf dem Balkon und nähte.

3. Fiel herab, fiel herab,
   brach das linke Bein sich ab.

4. Kam der Doktor angerannt
   mit der Spritze in der Hand.

5. Nähte an, nähte an,
   dass sie wieder laufen kann.

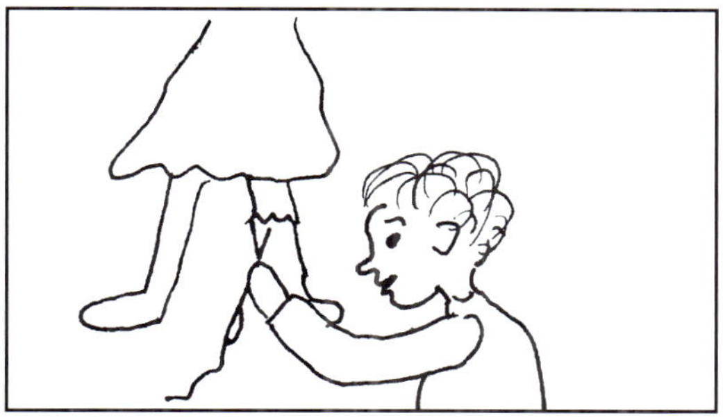

Quadrataufbauten

Kurzbeschreibung

Die Schüler erfahren die Nähe von Kunst und Mathematik und gestalten selbst mit geometrischen Formen.

Material

- Kopiervorlage (S. 84)
- dicker Zeichenkarton (beliebige Farbe)
- Klebstoff
- Schere
- Bleistift

So geht es

- Zeigen Sie den Schülern das Foto von S. 55 und erklären Sie ihnen, dass das Gebilde aus unterschiedlich großen Quadraten hergestellt wurde.
- Die Schüler sollen in einem kurzen Gespräch erkennen, dass das nächste Quadrat immer eine kürzere Kantenlänge aufweist.
- Die Schüler erhalten die Kopie mit den Schablonen und den Zeichenkarton.

Geben Sie den Schülern folgende Hinweise:

- Schneide die Quadrate aus.
- Lege sie als Schablone auf den Zeichenkarton und umfahre den Rand mit einem Bleistift.
- Schneide die Quadrate aus dem Zeichenkarton aus.
- Klebe sie nach deiner eigenen Idee zu einem künstlerischen Gebilde.

Kästchenpuzzle

Kurzbeschreibung Die Schüler gestalten Bilder aus farbigen geometrischen Flächen.

Material

- Kopiervorlage (S. 85) vergrößert
- Schere
- Kleber
- Zeichenblock
- Filzstifte

So geht es Die Schüler erhalten die Kopiervorlage auf DIN A4 vergrößert.

Geben Sie den Schülern folgende Hinweise:

- Schneide die Quadrate und Rechtecke an den schwarzen Linien auseinander.
- Male die Quadrate und Rechtecke mit nur drei oder vier verschiedenen Farben aus.
- Ordne sie neu und klebe dein Ergebnis auf ein Blatt deines Zeichenblocks.

Lassen Sie die Schüler ihre Ergebnisse präsentieren.

Mögliche Weiterführung des Themas

- Sollte Ihre Zeit es zulassen, können Sie den Schülern Bilder von Piet Mondrian zeigen und sie mit den eigenen Bildern vergleichen lassen.
- Zwei Schüler malen abwechselnd die Felder der Kopiervorlage mit nur drei Farben aus, wobei benachbarte Felder unterschiedliche Farben aufweisen müssen.

T-Problem

Kurzbeschreibung

Die Schüler bemalen Flächen von Puzzleteilen und fügen sie zu einem Buchstaben zusammen.

Material

- Kopiervorlage (S. 85) vergrößert
- Filz- oder Buntstifte
- Schere
- Kleber
- weißes Blatt (DIN A4)

So geht es

- Die Schüler erhalten die Kopie und den Arbeitsauftrag, die Streifen der Teile in verschiedenen Farben auszumalen.

Geben Sie den Schülern den Hinweis, dass sie immer dieselben Farben von innen nach außen in den Streifen der Teile benutzen sollten. So fällt ihnen auch das Zusammenfügen leichter.

- Danach sollen sie die Teile ausschneiden und versuchen, ein großes T daraus zu legen.
- Haben sie eine Lösung gefunden, kleben sie ihr „T" auf ein Blatt Papier.

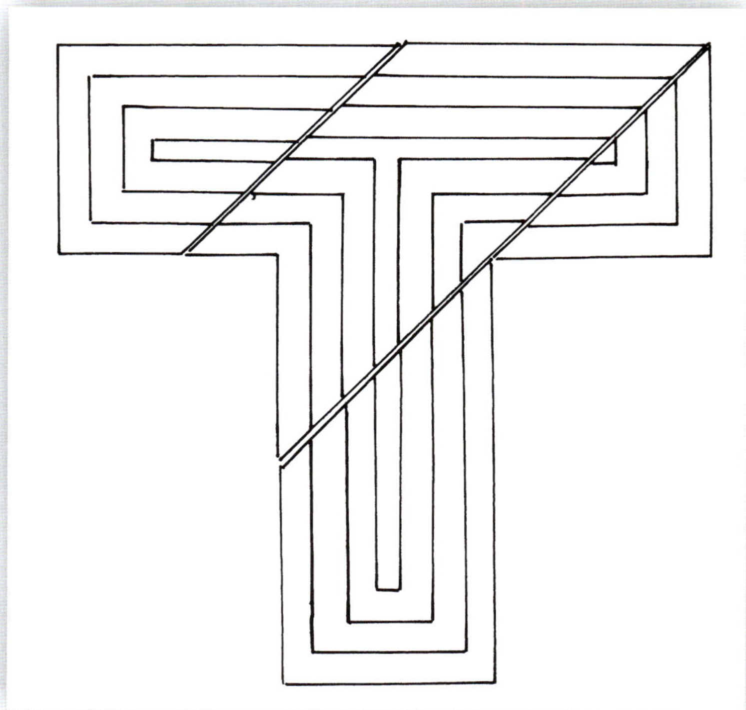

Gepuzzelter Urwald

Kurzbeschreibung Die Schüler gestalten einen Urwald aus eigenen Bild- und Collage-Elementen.

Material

- Bildvorlage (S. 86) als Folie
- Overheadprojektor
- Kopiervorlage (S. 86) vergrößert
- Zeichenblock
- Filzstifte
- Schere
- Kleber

So geht es Zeigen Sie das Bild mit dem Urwaldbild von Henri Rousseau. Dabei erklären Sie, welche Pflanzen und Tiere im Urwald leben.
Die Schüler erhalten die Kopiervorlage.

Geben Sie den Schülern folgende Hinweise:

- Male die Tiere und Pflanzen an.
- Schneide sie aus und klebe sie zu einem Urwaldbild zusammen.
- Male noch Pflanzen, Blätter und Früchte dazu.

Gepuzzelter Urwald

Teddykunst

Kurzbeschreibung Die Schüler vervollständigen ein an Vincent van Gogh angelehntes Selbstporträt.

Material

- Bildvorlage (S. 87) als Folie
- Overheadprojektor
- Kopiervorlage (S. 87) vergrößert
- Filzstifte

So geht es

- Zeigen Sie den Schülern das Bild von Vincent van Gogh.
- Die Schüler erhalten die Informationen, dass es sich bei dem Bild um ein Selbstporträt des Malers handelt und dass er vor über 100 Jahren gelebt hat.
- Die Schüler sollen nun das unvollständige Porträt mit einem selbstgestalteten Kopf versehen. Dieser sollte sich von dem des Originalbildes unterscheiden. Fantasiefiguren sind erwünscht!

- *Wenn es Ihre Zeit erlaubt, können Sie den Kindern das verfremdete Porträt van Goghs von Volker Zähme zeigen. Dieser malte, wie auch das Schülerbeispiel zeigt, das Porträt eines Teddybären.*
- *Stellen Sie die Porträts wie eine Ahnengalerie im Klassenraum aus.*

Schwarzer Seehund

Kurzbeschreibung Die Schüler gestalten ein Zirkustier aus Tonkarton.

Material

- Kopiervorlage (S. 88) vergrößert
- Bastelanleitung (S. 88)
- schwarzer Zeichenkarton
- Faltpapierreste in verschiedenen Farben
- Schere
- Kleber
- Bleistift
- Nähgarnfaden (ca. 30 cm lang)

So geht es

- Die Schüler versuchen, nur mit Hilfe der Bastelanleitung, einen Seehund mit beweglichem Papierball zu basteln.
- Sollte die Lesefähigkeit der Schüler noch nicht ausreichen, können Sie die einzelnen Schritte auch im Plenum zeigen und den Seehund nach und nach gemeinsam erstellen.

Alle fertigen Seehunde zum Schluss an einen Zweig gehängt, ergeben ein schönes Mobile für den Klassenraum.

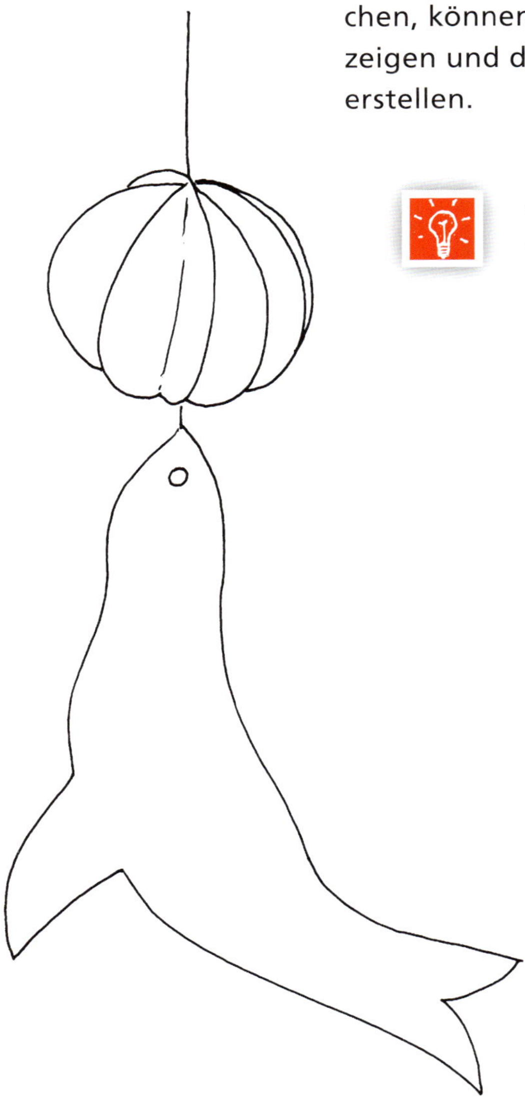

Schwarzer Seehund

Fensterblüten

Kurzbeschreibung Die Schüler gestalten Fensterschmuck aus Tonpapier.

Material

- Kopiervorlage (S. 89)
- Buntpapier in verschiedenen Farben
- Schere
- Kleber
- Klebeband
- Filzstifte
- Bleistift

So geht es Demonstrieren Sie die einzelnen Bastelschritte im Plenum.

Geben Sie den Schülern folgende Hinweise:

1. Schneide die Schablonen aus.
2. Lege den Kranz auf ein Stück Buntpapier, umfahre ihn außen mit einem Bleistift. Umfahre ihn innen mit viel Druck auf dem Bleistift, damit sich die Linie durchdrückt.
3. Schneide den Kranz aus.
4. Lege das Blumenblatt auf Buntpapier und umfahre es mit einem Bleistift.
   Male so mehrere Blumenblätter vor.
5. Schneide die Blumenblätter aus.
6. Lege die Blüte auf Buntpapier und umfahre sie mit dem Bleistift. Male so mehrere Blüten vor.
7. Schneide die Blüten aus.
8. Klebe zuerst die Blumenblätter verteilt auf den Kranz.
9. Klebe die Blüten auf den Kranz.
10. Male die Mitte der Blüten mit Filzstiften auf.

Nach der Fertigstellung können die Blütenkränze an die Fenster des Klassenraums gehängt werden. Zur Aufhängung reicht ein Stück Klebeband.

Lebende Bilder

Kurzbeschreibung

Die Schüler nehmen ein Bild von Pieter Bruegel als Sprachanlass, schulen ihre Wahrnehmung und stellen Bildausschnitte pantomimisch dar.

Material

- Bildvorlage (S. 90) als Folie
- Overheadprojektor

So geht es

- Zeigen Sie den Schülern das Bild von Pieter Bruegel.
- Geben Sie ihnen anschließend die Hintergrundinformationen zum Maler, zum Titel des Bildes und zum Entstehungsjahr (vgl. unten).
- In einem kurzen Unterrichtsgespräch sollen die Schüler die dargestellten Spiele auf dem Bild benennen, sie in bekannte und unbekannte Spiele einteilen und bestimmen, welche in abgewandelter Form heute noch existieren.
- Die Schüler können danach Teile des Bildes als Pantomime darstellen.

Variante I

Die Schüler spielen ihnen bekannte Spiele aus dem Bild.

Variante II

Die Schüler suchen sich ihnen unbekannte Spiele aus dem Bild aus und versuchen, in Gruppenarbeit mündlich einfache Regeln zu erfinden.

Zum Bild

Das Bild *„Die Kinderspiele"* malte Pieter van Bruegel 1560. Insgesamt sind 84 Kinderspiele dargestellt.
Es sind Spielzeuge und Spiele zu sehen, die den Kindern heute noch bekannt, aber auch einige, die heute unbekannt sind oder sich im Laufe der Zeit verändert haben.

Pieter Bruegel: **Die Kinderspiele** – 1560, Wien

Streifenkunst

Kurzbeschreibung Die Schüler gestalten einfache geometrische Formen zu eigenen, spannenden Kunstwerken um.

Material

- Kopiervorlage (S. 91) vergrößert
- Buntstifte oder Deckfarben
- Schere
- Klebstoff
- Schreibpapier

So geht es

Geben Sie den Schülern folgende Hinweise:

- Male das Bild in deinen Lieblingsfarben aus.
- Schneide das Bild in unregelmäßig breite Streifen.
- Mische die Streifen und klebe sie zu einem neuen Bild aneinander.

Variante I

Das Arbeitsblatt wird nur mit einem schwarzen Filzstift ausgemalt, dann aber nicht mehr in Streifen geschnitten.

Bedingungen:

- Es soll ein Schwarzweißbild entstehen.
- Gleichfarbige Felder dürfen nicht aneinanderstoßen.

Die Schüler werden feststellen, dass sie das Dreieck an einer Außenlinie um eine Linie erweitern müssen, damit nicht zwei gleichfarbige Flächen aneinanderstoßen.

Variante II

Das Bild soll nur in einer Farbskala (Rottöne, Grün-Blautöne ...) ausgemalt und dann auseinandergeschnitten und neu zusammengeklebt werden.

Malgeschichten

Kurzbeschreibung Die Schüler zeichnen Elemente oder Szenen zu einer Geschichte, die sie vorgegeben bekommen oder sich selbst ausdenken dürfen.

Material

- Kopiervorlage (S. 91) vergrößert
- Filz- oder Buntstifte
- evtl. eine kleine Geschichte zum Vorlesen
- evtl. Overheadprojektor

So geht es Sie steigen mit einer der Varianten in das Thema ein:

- Sie erzählen eine selbsterdachte Geschichte.
- Sie lesen eine kleine Geschichte vor.
- Jeder Schüler denkt sich eine Geschichte aus.

Die Schüler erhalten die Kopiervorlage und die Aufgabe, in die Felder Gegenstände, Personen oder kleine Szenen aus der Geschichte zu malen.

Weiterführung

Denkt sich jeder Schüler selbst eine Geschichte aus, kann er sie zu einem späteren Zeitpunkt anhand seines Arbeitsblattes vor der Klasse erzählen.
Zur besseren Ansicht könnten Sie eine Folie für den Overheadprojektor von dem Schülerbild herstellen.

dunkel
kalt
HEXENBE-
SEN
HEXE
BACKOFEN
PFEFFER-
KUCHEN
WALD
HÄNSEL
AM
SCHLUSS
WALD
VATER NACHHER
VATER
VORHER
MUTTER
NACHHER
BROTKRUMEN
GRETEL
AM
SCHLUSS
GRETEL
HÄNSEL
HEXEHAUSSTALL
MUTTER
VORHER
HEXENHAUS
HEXENHAUS
UND STALL
BACKOFEN
MIT HEXE

Feuervogel

Kurzbeschreibung

Die Schüler sollen anhand eines Kunstwerkes von Nicki de Saint Phalle Merkmale herausarbeiten und diese selbstständig anwenden.

Material

- Fotovorlage (S. 92) als Folie
- Overheadprojektor
- Kopiervorlage (S. 92) vergrößert
- Bleistift
- Filzstifte

So geht es

Sie zeigen den Schülern das Farbbild und erklären, dass …

- es sich bei der Skulptur um einen Brunnen in Duisburg handelt,
- die Skulptur von der Künstlerin Niki de Saint Phalle entworfen wurde,
- die Skulptur einen Feuervogel darstellt.

Ein kurzes Unterrichtsgespräch soll herausarbeiten, dass …

- die Künstlerin starke Farben verwendet hat,
- Farben in Feldern/Mustern aufgemalt hat,
- der Feuervogel ein Fantasietier ist.

Die Schüler erhalten die Kopiervorlage und die Aufgabe, einen Feuervogel nach eigenen Ideen zu gestalten.

Variante

Statt des Feuervogels können Sie auch eine Nana-Figur von der Künstlerin einsetzen.

Geometric-Art

Kurzbeschreibung Die Schüler entdecken in zwei Kunstwerken von Franz Marc geometrische Formen.

Material

- Bildvorlage (S. 93) „Liegender Hund im Schnee" als Folie
- Kopiervorlage (S. 93) als Folie
- Bildvorlage (S. 93) „Der Stier" als Kopiervorlage vergößert
- Filzstifte

So geht es

- Zeigen Sie den Schülern das Farbbild von Franz Marc *„Liegender Hund im Schnee"*. Die Schüler werden einen Hund erkennen.
- Zeigen Sie ihnen dann das veränderte Bild (Kopiervorlage) in Geometric-Art. Die Schüler vergleichen die beiden Bilder. Sie finden die geometrischen Flächen und Körper in dem veränderten Bild.
- Jeder Schüler erhält danach die Bildvprlage „Der Stier" und den Arbeitsauftrag, den Stier in geometrische Flächen und Körper zu zerlegen.

Franz Marc: **Der Stier** – 1911, NY

Franz Marc: **Liegender Hund im Schnee** – 1910/11, Frankfurt

Gemaltes Schwiizerdüütsch

Kurzbeschreibung

Die Schüler dürfen frei und assoziativ zu Begriffen aus dem Schwizerdütsch zeichnen.

Material

- Kopiervorlage (S. 94) vergrößert
- Buntstifte

So geht es

- Erklären Sie den Schülern, dass in einigen Teilen der Schweiz ein anderes Deutsch gesprochen wird – das Schwizerdütsch.
- Lassen Sie die Schüler an einigen Beispielen erraten, welche Begriffe im Hochdeutschen dahinterstecken:

  Bäbi – Puppe
  Büez – Arbeit
  Pösteler – Postbote
  Velo – Fahrrad
  Nidel – Sahne

- Die Schüler erhalten die Kopiervorlage und den Arbeitsauftrag, die Gegenstände zu den Begriffen zu malen, die sie sich darunter vorstellen. Anschließend werden die Ideen mit den Lösungen verglichen.

Lösung Kopiervorlage S. 94

Bürli **Brötchen**	Töff **Motorrad**	Natel **Handy**	Gipferli **Croissant**
Gigampfi **Wippe/Schaukel**	Hafen **Topf/Krug**	Zapfen **Korken**	Türfalle **Türklinke**
Stütz **Geld**	Abwart **Hausmeister**	Finken **Pantoffel**	Badi **Schwimmbad**

Bürli
Töff
Natel
Gipferli
Gigampfi
Hafen
Zapfen
Türfalle
Stütz
Abwart
Finken
Badi

Kopier- und Bildvorlagen für

Jahrgangsstufe 2

Ungefährlicher Vulkan – Seite 50/51

Tätiger Vulkan

© Vulkanisator/fotolia.com

Abgebrochenes Bein – Seite 52/53

1. Auf dem Berge Sinai
wohnt der Schneider Kikeriki

2. Seine Frau, die Margarete,
saß auf dem Balkon und nähte.

3. Fiel herab, fiel herab,
brach das linke Bein sich ab.

4. Kam der Doktor angerannt
mit der Spritze in der Hand.

5. Nähte an, nähte an,
dass sie wieder laufen kann.

Quadrataufbauten – Seite 54/55

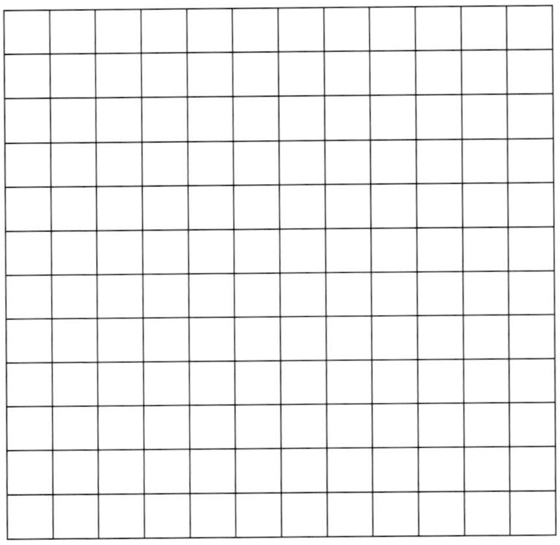

12

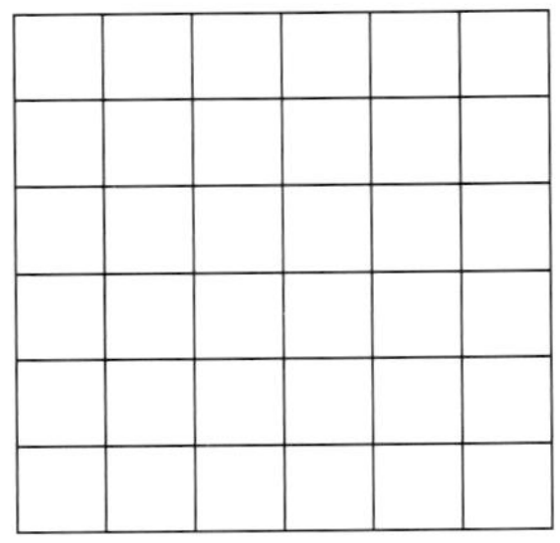

6

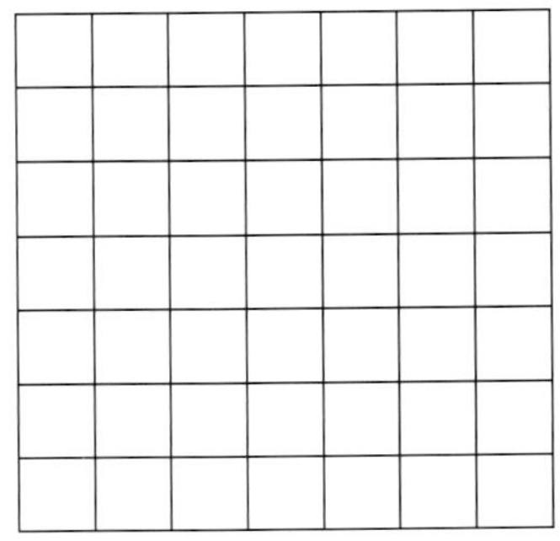

7

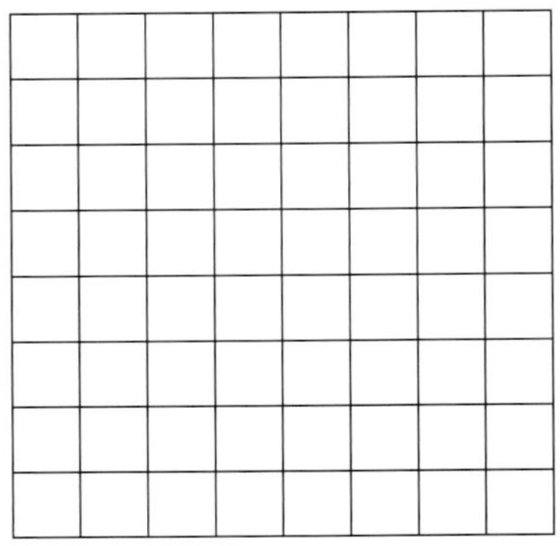

8

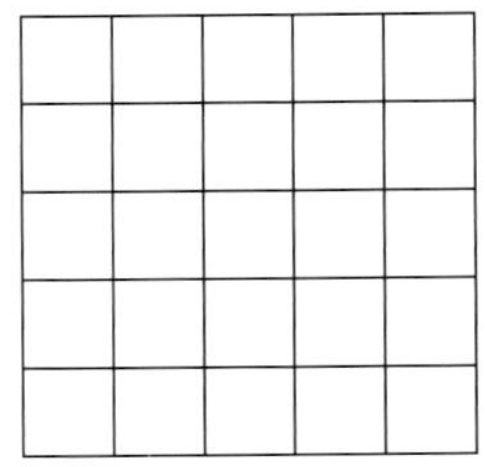

5

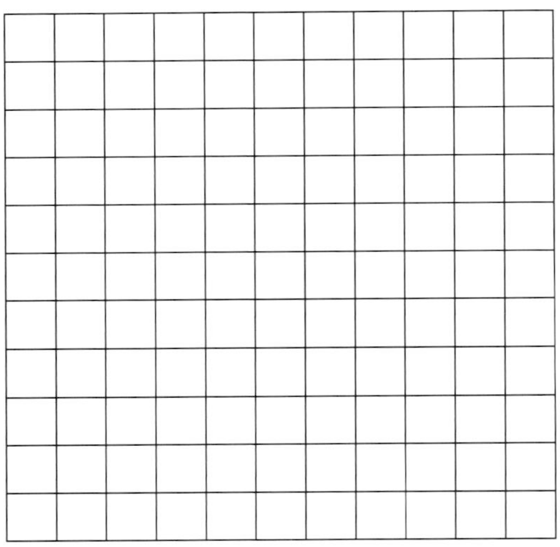

11

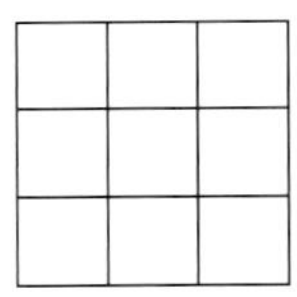

3

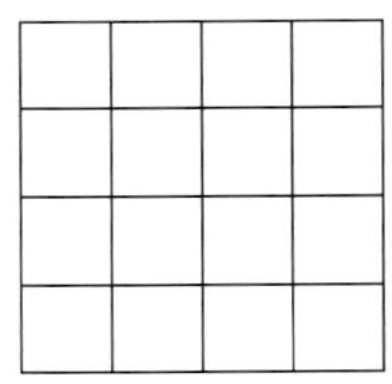

4

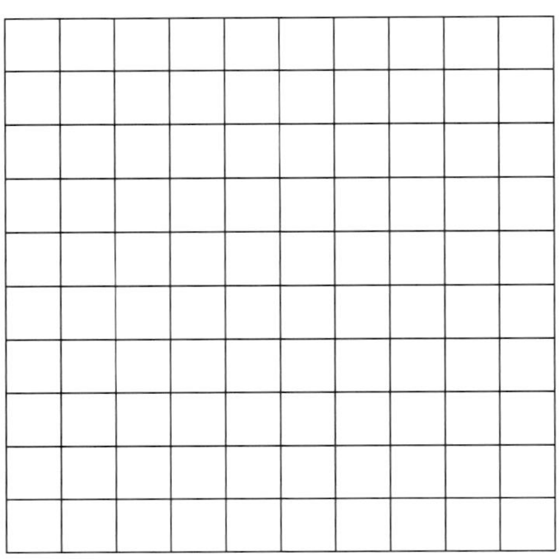

10

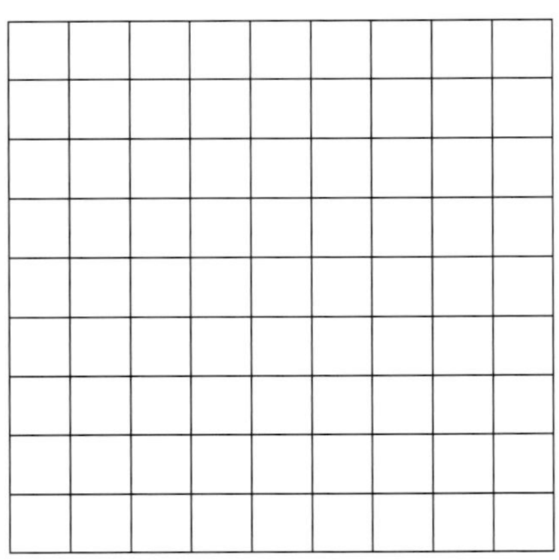

9

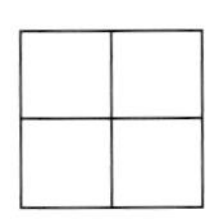

2

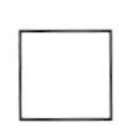

1

Kästchenpuzzle – Seite 56/57

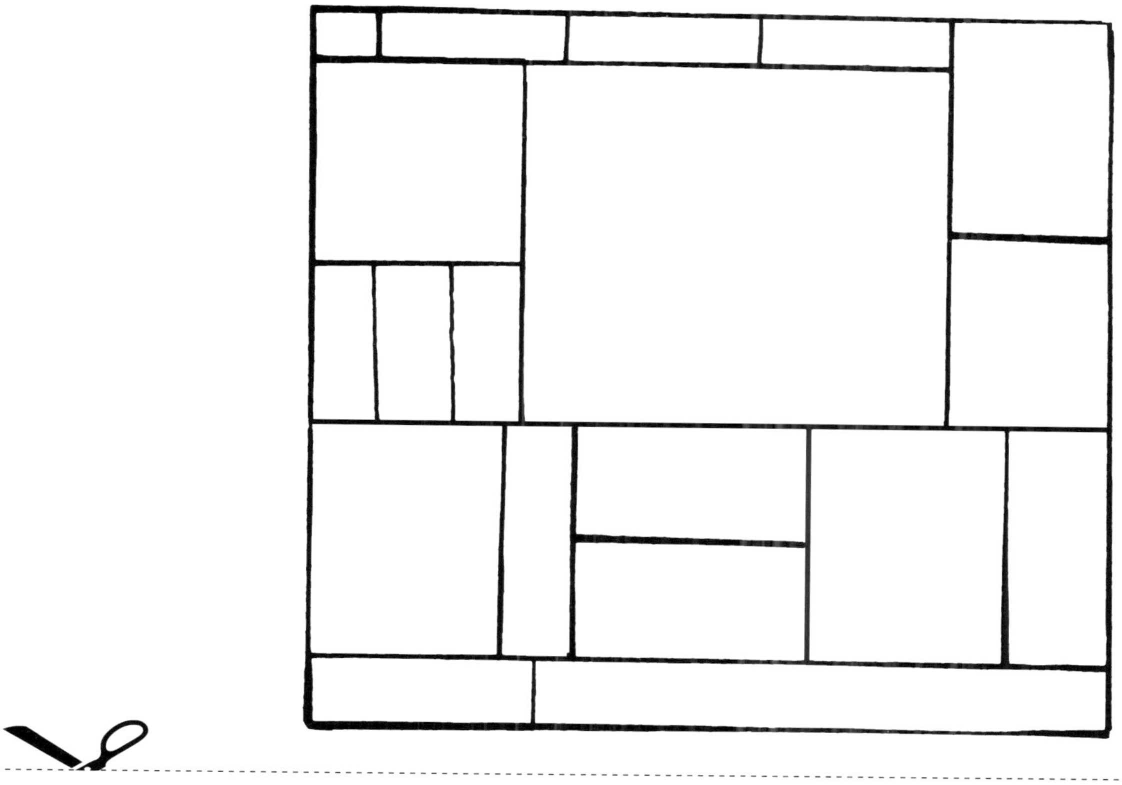

T-Problem – Seite 58/59

Gepuzzelter Urwald – Seite 60/61

Rousseau:
Kampf zwischen Tiger und Büffel
– 1908,
Cleveland

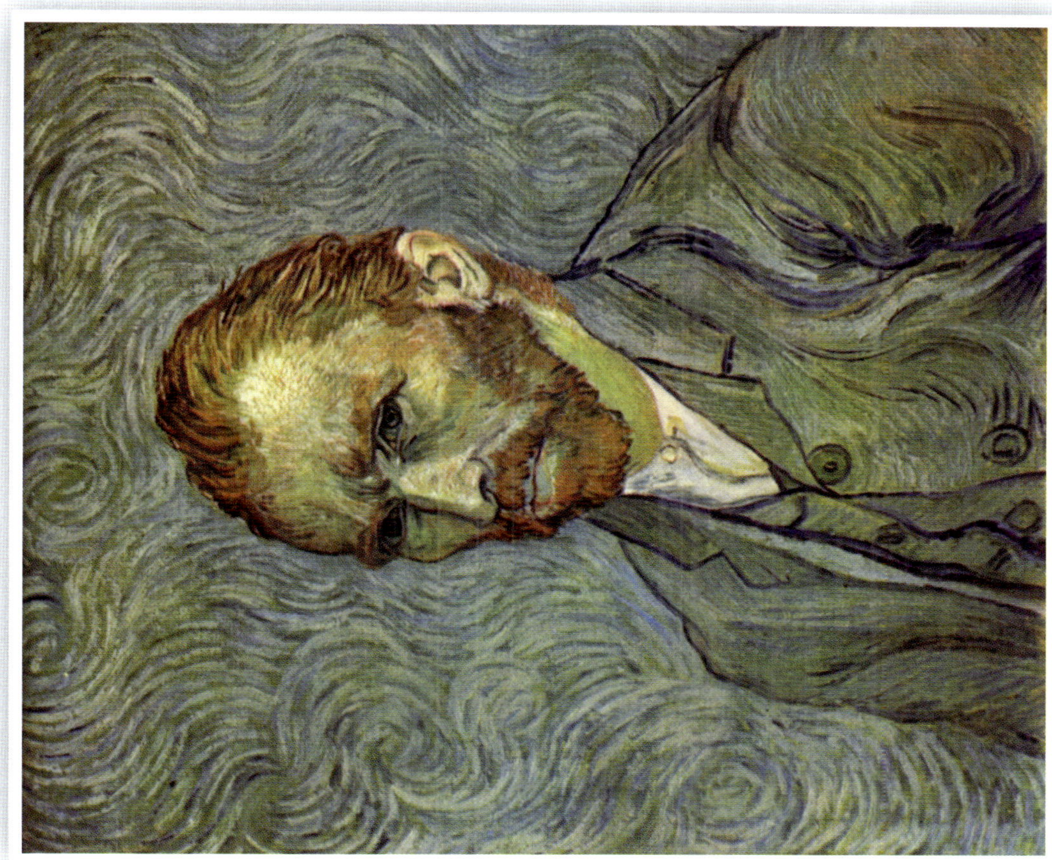

Vincent van Gogh: **Selbstbildnis** – 1890, Paris

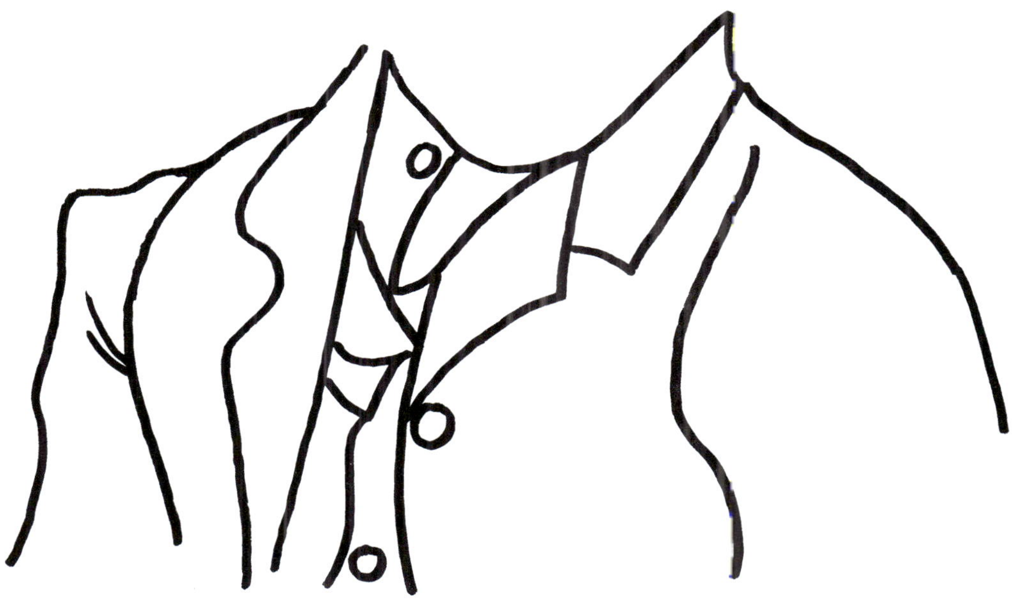

Schwarzer Seehund – Seite 64/65

1. Schneide die Schablonen aus.
2. Lege die Seehundschablone auf den schwarzen Zeichenkarton und umfahre ihn mit dem Bleistift.
3. Schneide deinen Seehund aus.
4. Klebe das eine Ende des Fadens an die Seehundschnauze.
5. Falte ein Stück Papier und lasse es doppelt liegen.
6. Lege die Schablone für den Ball an die Faltlinie, umfahre ihn mit dem Bleistift.
7. Schneide deinen Ball aus.
8. Schneide insgesamt acht Bälle aus verschiedenen Farben aus.
9. Klebe eine Ballhälfte mit der Hälfte eines anderen Balls zusammen.
10. Wiederhole dies so lange, bis ein runder Ball entsteht.
11. Ziehe den Faden durch die Mitte des Balls. Fertig ist dein Seehund!

Pieter Bruegel: **Die Kinderspiele** – 1560, Wien

Streifenkunst – Seite 70/71

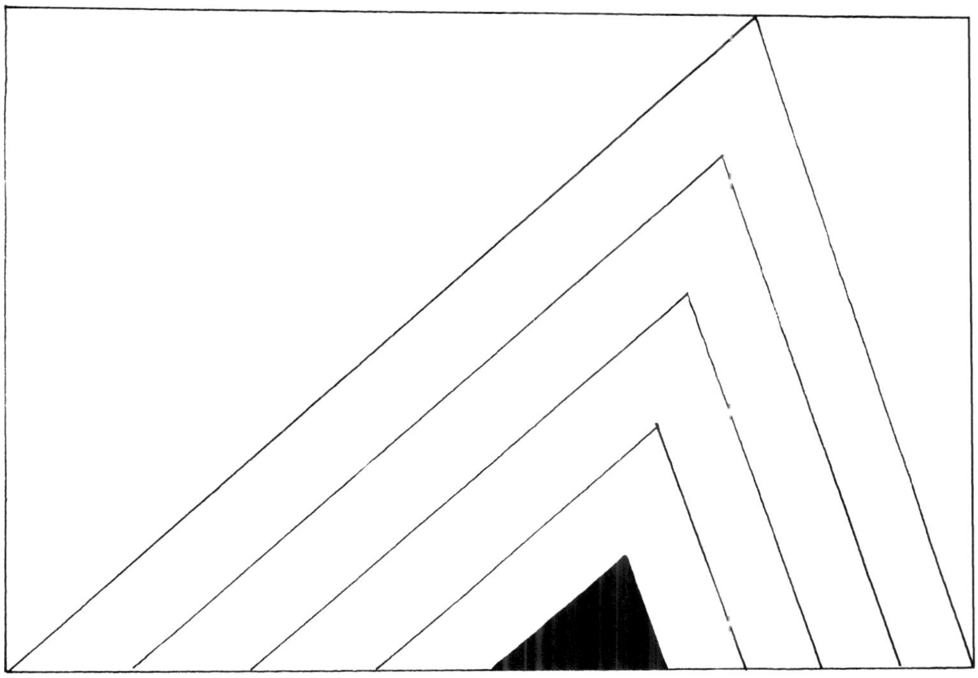

Malgeschichten – Seite 72/73

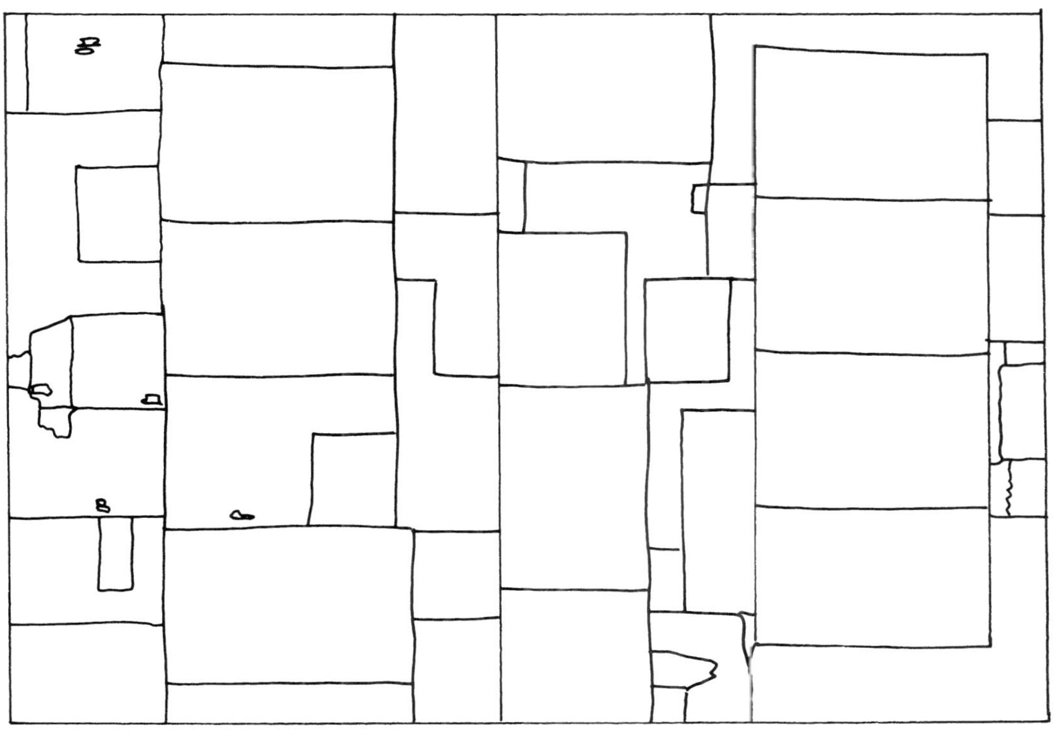

Feuervogel – Seite 74/75

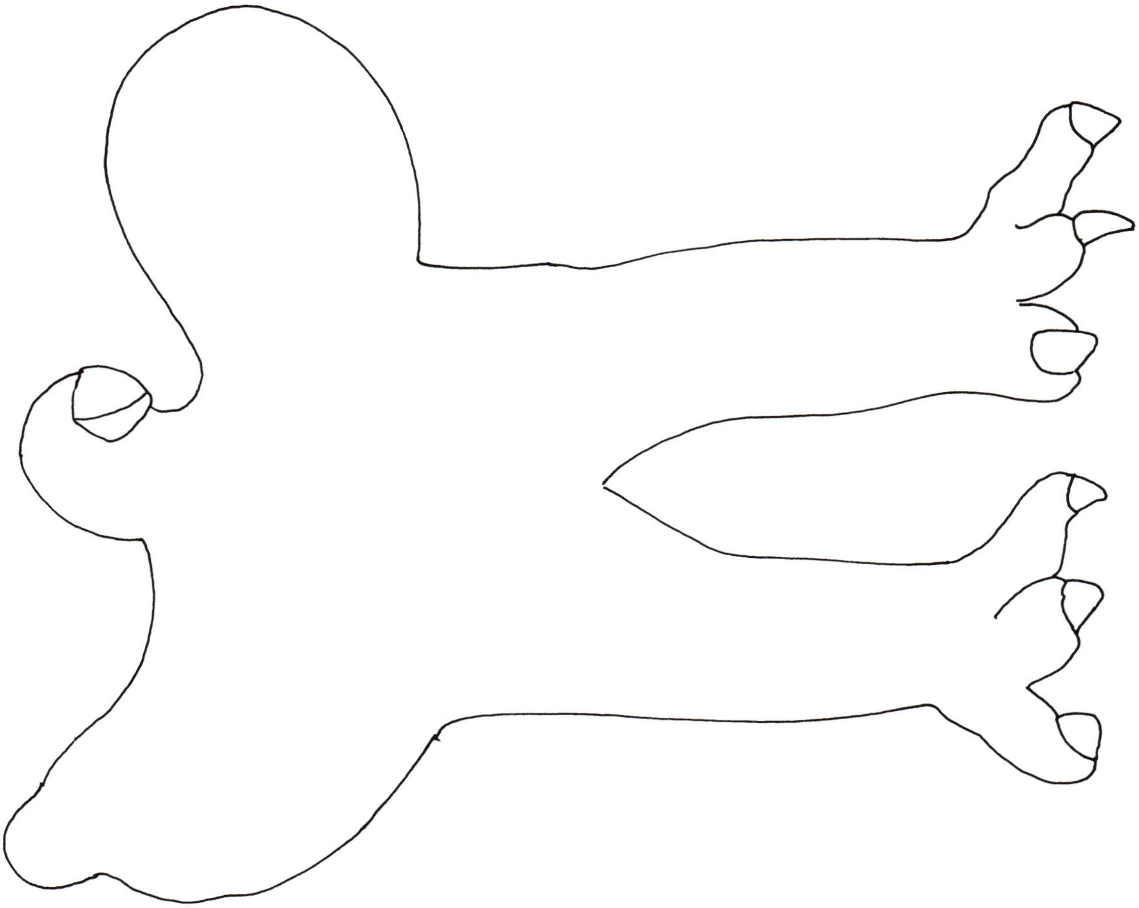

Geometric-Art – Seite 76/77

Franz Marc: **Der Stier** – 1911, NY

Franz Marc: **Liegender Hund im Schnee** – 1910/11, Frankfurt

Gemaltes Schwiizerdüütsch – Seite 78/79

Gipferli	Türfalle	Badi
Natel	Zapfen	Finken
Töff	Hafen	Abwart
Bürli	Gigampfi	Stütz

Literatur- und Linktipps

Jahns, Astrid:
Alles über Farben.
Eine Werkstatt. Kl. 1–4.
Verlag an der Ruhr, 2006.
ISBN 978-3-8346-0085-1

Kohl, MaryAnn F.:
Die Kunst-Ideen-Kiste für Kinder.
Kreativ experimentieren mit neuen Techniken. 5–10 J.
Verlag an der Ruhr, 2005.
ISBN 978-3-8346-0010-3

Kuter, Armin:
Ich kann mich verwandeln!
Kunstanregungen, die Fantasie sichtbar machen. 5–10 J.
Verlag an der Ruhr, 2009.
ISBN 978-3-8346-0496-5

Schilling, Diemut:
So seh ich das! Bildnerisches Gestalten mit Kindern. 6–10 J.
Verlag an der Ruhr, 2005.
ISBN 978-3-86072-965-6

Schilling, Diemut:
Das bin ich! Bildnerisches Gestalten mit Kindern. 6–10 J.
Verlag an der Ruhr, 2005.
ISBN 978-3-86072-942-7

Werner, Viola:
Meine Farben tanzen! Kinder-Kunstideen mit Bewegung. 6–10 J.
Verlag an der Ruhr, 2010.
ISBN 978-3-8346-0555-9

Weitere Ideen von Brigit Brandenburg sowie Anregungen zur Vertiefung finden Sie in:

Paul Klee für Kinder.
Eine Werkstatt. Kl. 2–4.
Verlag an der Ruhr, 2002.
ISBN 978-3-86072-672-3

Alles mit Formen.
Eine Werkstatt. Kl. 2–4.
Verlag an der Ruhr, 2008.
ISBN 978-3-8346-0374-6

Bezugsquellen für Bastel- und Künstlermaterialien:

- www.labbe.de/shop/
- www.boesner.com
- www.creativdiscount.de

Die in diesem Werk angegebenen Internetadressen haben wir geprüft (Februar 2010). Da sich Internetadressen und deren Inhalte schnell verändern können, ist nicht auszuschließen, dass unter einer Adresse inzwischen ein ganz anderer Inhalt angeboten wird. Wir können daher für die angegebenen Internetseiten keine Verantwortung übernehmen.

Verlag an der Ruhr

Alexanderstraße 54
45472 Mülheim an der Ruhr

Telefon 05 21 / 97 19 330
Fax 05 21 / 97 19 137

bestellung@cvk.de
www.verlagruhr.de

Es gelten die Preise auf unserer Internetseite.

Bildbetrachtung – aktiv

90 Ideen für Grundschulkinder
Susanne Vogt
6–10 J., 112 S., A4, Paperback, farbig
ISBN 978-3-8346-0299-2
Best.-Nr. 60299
19,50 € (D)/20,– € (A)/34,20 CHF

Medienset Bildbetrachtung – aktiv

25 Farbfolien und CD-ROM
6–10 J., 25 vierfarbige A5-Folien mit CD-ROM in praktischer Aufbewahrungsmappe
ISBN 978-3-8346-0556-6
Best.-Nr. 60556
19,80 € (D)/20,35 € (A)/34,70 CHF

MUS-E® Edition – Künstler für Kinder

Meine Farben tanzen!

Kinder-Kunstideen mit Bewegung
Viola Werner
6–10 J., 113 S., A4, Paperback, farbig
ISBN 978-3-8346-0555-9
Best.-Nr. 60555
21,– € (D)/21,60 € (A)/36,80 CHF

MUS-E® Edition – Künstler für Kinder

Schule innen schöner machen!

Kunstprojekte für Kinder
Silke Bachner, Sabine Kehse
6–12 J., 112 S., A4, Paperback, farbig
ISBN 978-3-8346-0494-1
Best.-Nr. 60494
21,– € (D)/21,60 € (A)/36,80 CHF

Die Kunst-Ideen-Kiste für Kinder

Kreativ experimentieren mit neuen Techniken
MaryAnn F. Kohl
5–10 J., 169 S., A4 quer, Paperback
ISBN 978-3-8346-0010-3
Best.-Nr. 60010
21,– € (D)/21,60 € (A)/36,80 CHF

Mit Fingern und Fäden

Einfache Textiltechniken – Schritt für Schritt
Svenja Maibaum
6–10 J., 72 S., A4, Papphefter (mit farbigen Abb.)
ISBN 978-3-8346-0375-3
Best.-Nr. 60375
19,50 € (D)/20,– € (A)/34,20 CHF

Mit Nadel und Garn

Einfaches Nähen und Sticken – Schritt für Schritt
Svenja Maibaum
8–12 J., 72 S., A4, Papphefter (mit farbigen Abb.)
ISBN 978-3-8346-0557-3
Best.-Nr. 60557
19,50 € (D)/20,– € (A)/34,20 CHF

Mit Kette und Schuss

Einfaches Weben und Knüpfen – Schritt für Schritt
Svenja Maibaum
6–10 J., 69 S., A4, Papphefter (mit farbigen Abb.)
ISBN 978-3-8346-0558-0
Best.-Nr. 60558
19,50 € (D)/20,– € (A)/34,20 CHF

Kunst erleben und entdecken